Bildung zwischen Glaube und Wissen

Veröffentlichungen des Internationalen
Forschungszentrums für Grundfragen der
Wissenschaften Salzburg
Neue Folge, Band 44

Grundfragen der Pädagogik
der Gegenwart
Schriftenreihe des Instituts für Medienpädagogik
am Internationalen Forschungszentrum
für Grundfragen der Wissenschaften
Band 9
Herausgegeben von Marian Heitger

Bildung zwischen Glaube und Wissen

Beiträge von
Eugen Biser, Egon Kapellari,
Winfried Böhm, Susanne Heine und
Marian Heitger

Herausgeber dieses Bandes
Gertrude Brinek und Gerhard Schaufler

Tyrolia-Verlag · Innsbruck-Wien

Mitglied der Verlagsgruppe „engagement"

CIP-Titelaufnahme der Deutschen Bibliothek
Bildung zwischen Glaube und Wissen : Beiträge / von Eugen
Biser ... Hrsg. von Marian Heitger. – Innsbruck ; Wien :
Tyrolia-Verl., 1991
(Veröffentlichungen des Internationalen Forschungszentrums für
Grundfragen der Wissenschaften, Salzburg ; N.F., 44) (Grund-
fragen der Pädagogik der Gegenwart)
ISBN 3-7022-1778-9
NE: Heitger, Marian [Hrsg.]; Biser, Eugen; Internationales
Forschungszentrum für Grundfragen der Wissenschaften
< Salzburg >: Veröffentlichungen des Internationalen ...

1991
Alle Rechte bei der Verlagsanstalt Tyrolia
Gesellschaft m. b. H., Innsbruck, Exlgasse 20
Gesamtherstellung in der Verlagsanstalt Tyrolia
Gesellschaft m. b. H., Innsbruck

Vorwort der Herausgeber 7

Eugen *Biser*
Glaube und Kultur. Von der kulturstiftenden
Effizienz des Glaubens 9

Egon *Kapellari*
Anmerkungen über das Verhältnis von Glaube
und Bildung 23

Winfried *Böhm*
Rede über Bildung an die Religiösen
unter ihren Verächtern 27

Susanne *Heine*
Denkende Aneignung oder:
Was zu tun wäre, damit die Gebildeten
die Religion nicht verachten 57

Marian *Heitger*
Braucht Bildung Religion?
Braucht Religion Bildung? 89

Vorwort

Die Teilnehmer des X. Symposions stellten ihr Denken unter die Generalfrage, ob Bildung ohne Religion bzw. Religion ohne Bildung überhaupt auskommen könne, wobei vor allem der Verweisungszusammenhang der Phänomenbereiche Wissen und Glauben in einigen grundlegenden Dimensionen erhellt werden sollte. Dies zum einen Teil, indem alles Bildungswissen angesichts der Stückwerkhaftigkeit von Erkenntnis an eine Grenze stößt, die ihm qua Vernunft unüberwindlich bleibt. Zum anderen Teil, indem jede religiöse Erfahrung in den Vollzug einer denkerischen Weltbegegnung eingebunden ist und so dem kritischen Bemühen des Pädagogen nicht ausgespart bleiben darf.
Während Eugen *Biser* aus der Fülle literarischer, musikalischer wie bildnerischer Zeugnisse schöpfend nach Anhaltspunkten für die kulturstiftende Macht des Glaubens sucht, trifft Egon *Kapellari* einige Anmerkungen über das Verhältnis von Glaube und Bildung, in welchem Ein-Bildung und Aus-Bildung des Menschen immer schon einem personal verstandenen Gott verantwortet sind. Winfried *Böhm* nähert sich der Symposionsthematik ausgehend von zentralen Stellen der Schleiermacherschen „Reden über die Religion an die Gebildeten unter ihren Verächtern" und gipfelt in der Frage nach dem Verhältnis des abendländischen Menschen zu sich selbst, zu den anderen und zum Absoluten, worin er gleichzeitig sein Bildungsproblem erblickt. Marian *Heitger* resümiert letztlich im Rückgriff auf Johann Michael *Sailer* die Ausführungen der Tagung mit der Prüfung des Geltungsanspruches der These, daß Bildung ohne Religion nicht möglich sei, Religion aber auf Bildung angewiesen bleibe.
Zu danken ist an dieser Stelle den Teilnehmern des Symposions, welche durch ihr Engagement und ihre

Diskussionsbereitschaft die Veranstaltungen getragen haben: dem Bundesministerium für Unterricht, Kunst und Sport, dem Bundesministerium für Wissenschaft und Forschung, den Ländern Niederösterreich und Salzburg sowie der Österreichischen Bischofskonferenz für die Bereitstellung entsprechender finanzieller Mittel; den Mitarbeitern des Internationalen Forschungszentrums in Salzburg, insbesondere des Instituts für Medienpädagogik für die Organisation; schließlich dem Tyrolia-Verlag Innsbruck für die Bereitschaft zur Drucklegung des Bandes.

Die Herausgeber:

Gertrude *Brinek*
Gerhard *Schaufler*

Eugen *Biser*

Glaube und Kultur. Von der kulturstiftenden Effizienz des Glaubens

Glaubenstheoretische Vorbesinnung

Die Suche nach Anhaltspunkten für die kulturstiftende Macht des Glaubens muß mit einer Strukturerhellung und Wirkungsbeschreibung einsetzen. Danach ist der Glaube, grundsätzlich gesagt, ein Initiationserlebnis, ausgelöst von der als Selbst-Mitteilung begriffenen Gottesoffenbarung. So gesehen hat er als die Rezeption des offenbarenden Gotteswortes zu gelten, das im Unterschied zum Offenbarungsbegriff des Islam, der von einem himmlischen Text ausgeht, und des Judentums, das die Offenbarung mit dem prophetischen Gotteswort gleichsetzt, nach christlichem Verständnis in Gestalt seiner geschichtlichen Konkretisierung, also im Reden und Schweigen, Handeln und Leiden, zumal aber in der Auferstehung und Gesamterscheinung Jesu an die Menschheit erging. Von daher tritt der Glaube von seinem Ursprung her in eine hermeneutische Perspektive. Er ist, konkreter gesprochen, ein Gott-Verstehen, das als solches Einweihung ins Gottesgeheimnis, Überschreitung der Wissensgrenze und Kenntnis der verborgenen Gottesweisheit (1 Kor 2,7) besagt. Von ihm gilt somit, und nicht erst von der jenseitigen Gottschau, das aus prophetischen Wendungen gewonnene Pauluswort:

> Was kein Auge geschaut, kein Ohr vernommen und kein Menschenherz jemals empfunden hat, behielt Gott denen vor, die ihn lieben (1 Kor 2,9).

Aus der Sicht des subjektiven Rückbezugs heißt das: Wenn der Glaube als Verstehensakt zu gelten hat, ist mit ihm auch stets ein Gewinn an personaler Selbstaneignung verbunden; denn „verstehen" bedeutet von seiner sprachlichen Wurzel her „für etwas einstehen" und setzt als solches die Einnahme eines festen Standpunkts voraus. Mit diesem Kompetenzgewinn geht dann aber notwendig auch die Freisetzung kreativer Energien einher. Wer glaubt, gehört sich auch in dem Sinn wesentlicher an, daß er freier über seine Fähigkeiten und Kräfte verfügt. Ergänzt werden muß dieser Befund dann nur noch durch den Zusatzgedanken, daß der als Verstehensakt begriffene Glaube die religiöse Heteronomie in Richtung auf eine partnerschaftliche Verbundenheit überschreitet. Wer verstehend auf und in das Gottesgeheimnis „eingeht", steht seinem Gott nicht mehr als zitternder Knecht, sondern als liebender Freund gegenüber. Das könnte freilich nicht behauptet werden, wenn es nicht durch ein Schlüsselwort des johanneischen Jesus „vorgesagt" worden wäre:

> Nicht mehr Knechte nenne ich euch; denn der Knecht weiß nicht, was sein Herr tut. Freunde habe ich euch vielmehr genannt, weil ich euch alles gesagt habe, was mir von meinem Vater mitgeteilt worden ist (Joh 15,15).

Schließlich hat der Glaube aber auch als eine „Disclosure-Erfahrung" im Sinn einer vollständigeren Seins- und Welterschließung zu gelten. Denn der Glaubende sieht (nach Eph 1,18) die Dinge mit „erleuchteten Herzensaugen". Das war für den im Ersten Weltkrieg unter tragischen Umständen gefallenen Jesuitentheologen *Pierre Rousselot* Anlaß, in einem denkwürdigen Traktat von den „Augen des Glaubens" zu sprechen. Wer glaubt, hat also nicht nur mehr vom Leben; ihm ist vielmehr auch der Blick für das welthaft Gegebene und Geschehende auf neue Weise geöffnet. Umfassender wurde diese gläubige Weltsicht wohl niemals ausgearbeitet als in dem als

„Christliche Weltanschauung" konzipierten Lebenswerk *Guardinis,* zu dem er sich durch den Ratschlag *Max Schelers* veranlaßt sah, die großen Werke der Weltliteratur vom christlichen Standpunkt aus zu würdigen und daraus Rückschlüsse auf die eigene Position zu ziehen. Mit seinem Lebenswerk förderte Guardini, wie sich nunmehr zeigt, eine Möglichkeit des Glaubens zutage, die prinzipiell für einen jeden gilt und deshalb als Wegmarke für alle Glaubensversuche in dieser Zeit anzusehen ist. Insofern kann dieses Lebenswerk dann aber auch als grundsätzliche Bejahung der Frage nach der Kulturfähigkeit und kulturstiftenden Effizienz des Glaubens gelesen werden.

Im historischen Prozeß stellte sich diese Bejahung jedoch ungleich dramatischer dar, da sie sich aus einer anfänglichen Negation herausarbeiten mußte, die ihrerseits zweifach bedingt war: Einmal durch den heidnischen – nach *Paulus* für die Kreuzesweisheit blinden (1 Kor 2,8) – Charakter der dem Urchristentum vorgegebenen Kulturszene; sodann aber auch – und wesentlicher noch – durch die Naherwartung, die mit der unmittelbar bevorstehenden Wiederkunft Christi rechnete und insofern über keinen für ein kulturelles Engagement ausreichenden Zeitraum zu verfügen schien.

Zum Prozeß der Primär-Inkulturation

Das kulturelle Engagement war dem Christentum keineswegs „in die Wiege gelegt"; vielmehr war es die Folge einer nur gegen beträchtliche Hemmungen durchgesetzten Umorientierung. Am Anfang stand eher ein „Unbehagen an der Kultur" *(Freud),* das unüberhörbar aus den weltkritischen Äußerungen der neutestamentlichen Schriften, den Johanneischen ebenso wie den Paulinischen, spricht. So mahnt der erste Johannesbrief:

> Liebt die Welt nicht und was in ihr ist...! Denn alles, was in der Welt ist, ist Fleischeslust, Augenlust und Hoffart des Lebens...; doch die Welt vergeht mit ihrer Lust (1 Joh 2,15ff).

Für ein distanziertes Verhältnis zur Welt plädiert, mit derselben eschatologischen Begründung, auch *Paulus*, wenn er im ersten Korintherbrief betont:

> Ich sage euch, Brüder: die Zeit drängt! Daher soll sich der Verheiratete so verhalten, als wäre er es nicht; wer weint, als weine er nicht; wer sich freut, als freue er sich nicht; wer kauft, als besitze er nicht; wer sich die Welt zunutze macht, als nutze er sie nicht: denn die Gestalt dieser Welt vergeht (1 Kor 7,29ff).

Und hatte sich nicht Jesus selbst mit allem Nachdruck auf die Seite der Bedrückten und Bedrängten, also der im welthaften Sinn Untüchtigen und Unkundigen gestellt, wenn er in seinem Jubelruf bekannte:

> Ich preise dich, Vater, Herr des Himmels und der Erde, weil du all das den Weisen und Klugen verborgen, den Unmündigen dagegen geoffenbart hast; ja Vater, so hat es dir gefallen! (Lk 10,21).

Von da zieht sich in langer Tradition das Lob der „Unmündigen", gipfelnd in dem von *Bernhard von Clairvaux* geprägten Satz „Frommer Glaube meidet die Diskussion – Fides piorum credit, non discutit", durch die ganze Glaubensgeschichte hindurch, um in ironischer Verfremdung noch in der Unterstellung *Max Webers* nachzuklingen, daß sich mit dem Glauben und erst recht mit jeder „positiven" Theologie die „Virtuosenleistung" des sacrificium intellectus verbinde. Dabei stützt sich diese Tradition auf die – freilich längst schon als nicht-

und unpaulinische Interpolation erwiesene – Stelle des zweiten Korintherbriefs, die Glaube und Unglaube in einer Weise zu Gegenwelten erklärt, daß den Gläubigen nur der Exodus aus der verlorenen Welt offensteht:

> Geht doch nicht mit den Ungläubigen zusammen unter dem gleichen Joch! Was haben denn Gerechtigkeit und Ungesetzlichkeit miteinander zu tun? Wie vertragen sich Licht und Finsternis? Was verbindet Christus mit Beliar? Was hat ein Glaubender mit einem Ungläubigen gemeinsam? (6,14ff).

Das spitzt sich bei *Tertullian,* dem streitbaren Verteidiger der christlichen Sache in der Frühpatristik, zu einer grundsätzlichen Absage an die philosophische Denkwelt zu:

> Was hat Athen mit Jerusalem zu schaffen, was die Akademie mit der Kirche, was der Häretiker mit dem Christen? Unsere Lehre stammt aus den Säulenhallen Salomons, der versicherte, daß man den Herrn in der Einfalt des Herzens suchen müsse. Mögen sie nur, wenn es ihnen paßt, ein stoisches oder platonisches oder auch dialektisches Christentum aufbringen! Wir aber brauchen seit Jesus Christus keine Forschung mehr und keine Wissenschaft, seitdem das Evangelium verkündet wurde.

Wie kaum ein anderer blieb Tertullian dabei freilich „im Fallstrick" seiner eigenen Worte gefangen *(Nietzsche).* Denn deutlicher als mit dieser Absage hätte er seine Schulung durch die antike Rhetorik und insbesondere durch die von ihm verworfene „Dialektik" schwerlich bekunden können. Nicht umsonst baute sich schon zu seinen Lebzeiten in Alexandrien die erklärte Gegenposition zu der seinen auf. Gestützt auf einen philosophisch interpretierten Logosbegriff entwickelte hier der Laien-

theologe *Klemens* und sein genialer Nachfolger *Origenes* eine Theologie, die, wie das Augustinus mit dem Bild der von den Juden beim Auszug aus Ägypten „entliehenen" goldenen und silbernen Gefäße verdeutlichte, bewußt die Denkformen der philosophischen Spekulation übernahm und in den Dienst der Schriftauslegung stellte. Von Akten einer formellen „Inkulturation" kann jedoch bei ihnen so wenig wie bei den Denkern der Folgezeit die Rede sein. Bei aller Bereitschaft zur intellektuellen „Einwurzelung" in der hellenistischen Denkwelt blieb es bei der grundsätzlichen Distanz.
Eine hinreichende Erklärung bietet dafür wohl nur die von *Karl Löwith* herausgearbeitete Geschichtstheorie *Augustins*. Im Bruch mit der antiken Vorstellung von einem zyklischen Weltenlauf hatte er, so Löwith, erstmals ein konsequent lineares Geschichtsbild entworfen, wie es den biblischen Daten entsprach. Bei dem Versuch, ein Modell zur epochalen Gliederung zu finden, griff er einmal auf das Sechs-Tage-Werk des biblischen Schöpfungsberichts, dann aber auch auf das Modell des menschlichen Lebenslaufs zurück, beide Male mit negativen Folgen für die Frage nach möglichen Kulturleistungen. Denn im ersten Fall war ein geschichtlicher Fortschritt schon deshalb ausgeschlossen, weil nach der göttlichen Innovation in Gestalt der Menschwerdung Christi nichts auch nur annähernd Vergleichbares mehr geschehen konnte. So konnte sich Augustin noch nicht einmal zu einer positiven Bewertung der Konstantinischen Ära verstehen. Denkbar war ein geschichtlicher Fortschritt (progressus) allenfalls im Sinn der Pilgerschaft (peregrinatio) des Gottesvolkes in Richtung auf sein eschatologisches Endziel. Doch führte auch im zweiten Fall das an den menschlichen Altersstufen abgelesene Geschichtsbild zu einer pessimistischen Einschätzung der Spätzeit. Als das Greisenalter der Welt (senectus mundi) begriffen, ist die bis zum Weltende währende Epoche nach augustinischem Verständnis durch Schwä-

che und Verfallserscheinungen gekennzeichnet, so daß von ihr höchstens Katastrophen, aber keine herausragenden Hervorbringungen zu erwarten sind.
Der Schritt zur positiven Bewertung des Verhältnisses von Christentum und Kultur war offensichtlich an zwei Voraussetzungen gebunden: Einmal an die Verdrängung des Gedankens von der alternden Welt durch das jugendliche Lebensgefühl, das sich in Renaissance und Humanismus Bahn brach und dynamische Perspektiven eröffnete. Sodann – und vor allem – an die Einsicht in die Wechselbeziehung von Welt- und Glaubensgeschichte. Nach Löwith bestand das verklammernde Prinzip in dem von *Bossuet* eingeführten Vorsehungsgedanken. Die über alle waltende göttliche Vorsehung brachte es dahin, daß die Weltreiche, wie dies schon *Eusebius* und *Leo I.* für das Imperium Romanum behauptet hatten, der christlichen Sache unwissentlich dienten. Durch diesen Ansatz kommt in das Wechselspiel der geschichtlichen Ereignisse eine innere Kontinuität, die von dem im Weltgeschehen durchgeführten Heilsplan Gottes herrührt. So gesehen liegt der seltsamen „Mischung von Zufall und Schickung eine planvolle Ordnung zugrunde, wobei das Endziel schon in den entferntesten Ursachen vorbereitet ist", auch wenn dies in der Regel „den Agenten der Geschichte selbst unbekannt" bleibt *(Löwith)*. Indessen ist das damit im Grunde der Geschichte entdeckte Gesetz nicht, wie man annehmen könnte, der Fortschritt, sondern – das Kreuz; denn das Leben Jesu, auf das der gesamte Geschichtsgang nach Bossuet hinführte, stand nicht im Zeichen des Erfolgs, sondern der Enttäuschung und Verlassenheit:

> Jesus Christus stirbt, ohne Dankbarkeit bei denen zu finden, die er dazu verpflichtet hatte, ohne Treue bei seinen Freunden, ohne Gerechtigkeit bei seinen Richtern. Seine Unschuld, obwohl anerkannt, rettet ihn nicht; selbst sein Vater, auf den er alle

Hoffnung gesetzt hatte, entzieht ihm alle Erweise seines Schutzes. So wird der Gerechte seinen Feinden ausgeliefert, und er stirbt, verlassen von Gott und den Menschen.

Wenn der Welt damit, wie Bossuet sich ausdrückt, eine Tugend zum Vorbild gegeben wurde, die „nichts besitzt und nichts erwartet", ist das Walten der Vorsehung eher noch dort zu ersehen, wo nichts dafür zu sprechen scheint, als in den Erweisen ihrer Macht und Weisheit. Dieser erst von der Geschichtstheologie *Gertrud von le Forts* eingeholte Gedanke beweist aber mehr, als eine triumphalistische Konzeption es je vermöchte, daß bei Bossuet das Modell der Kompenetration – und Kooperation – an die Stelle des Augustinischen einer Koexistenz der beiden „Reiche" trat. Ohne daß es den „Agenten der Geschichte" zu Bewußtsein kommt, arbeiten sie der christlichen Sache in die Hand. Das heißt dann aber auch umgekehrt, daß diese weit mehr, als dem Spiel der Erscheinungen zu entnehmen ist, dem Profanbereich zugute kommt. Wenn man Bossuets Einsicht in das „Gesetz des Evangeliums", das Kreuz, hinzunimmt, wird man sogar folgern können, daß der Einfluß gerade dort am stärksten ist, wo die christliche Sache im Aspekt der Verlorenheit erscheint. Ist dann aber die Suche nach Kulturleistungen, denen die Qualität von Glaubenszeugnissen zukommt, überhaupt noch sinnvoll?

Das kulturelle Glaubenszeugnis

In dieser extrem kritischen Fassung bezieht sich die Frage zweifellos auf die von Aufklärung und Säkularismus bestimmte Epoche, in deren Vorgefühl Bossuet lebte und dachte. Es war die Zeit der zerbrochenen Glaubenseinheit, die in den Jahrhunderten zuvor das kulturelle Leben geprägt und beflügelt hatte. Was in diesem bis tief in die Neuzeit währenden Zeitraum entstand, ist bis auf wenige Ausnahmen wie etwa das Tristan-Epos ohne die inspirative Kraft des Glaubens nicht zu denken. Anders verhält es sich freilich mit der bis in die Gegenwart heraufreichenden Folgezeit, vor allem angesichts der Tatsache, daß die christlichen Prinzipien und Ideen von ihrem Gang nicht unbehelligt blieben, sondern mit in den Säkularisierungsprozeß hineingerissen wurden. Dabei erfuhren sie eine mehr oder weniger verzerrende Umwidmung, gleichviel, ob sie ihre verbale Identität behielten oder nicht.

So erlebte, um es am krassesten Beispiel zu verdeutlichen, der Schlüsselbegriff der Verkündigung Jesu, die Reich-Gottes-Idee, die noch in ihrer Abwandlung zum Gedanken von einem dritten Reich der Freiheit und Gottesfreundschaft bei *Joachim von Fiore* vom Impuls des Ursprungs getragen war, in ihrer politischen Bedeutungsgeschichte eine Pervertierung, die das mit ihr angesagte Heil in das denkbar schlimmste Unheil verkehrte. Kaum weniger folgenschwer gestaltete sich diese Umwidmung dann erst recht in den Fällen, in denen mit der Sache auch der Name verlorenging. Das veranschaulichte *Löwith* vor allem am Beispiel der Hoffnung, die, von ihrem endzeitlichen Erfüllungsziel abgekoppelt und auf innerweltliche Zielsetzungen zurückgenommen, nun in Gestalt der Fortschrittsidee zur Triebfeder des modernen Zivilisationsprozesses wurde, bis es sich schließlich, zum Selbstzweck erhoben, gegen sich selber kehrte und den Charakter eines weltweit gefürchteten „Verhängnisses" annahm.

Indessen bilden diese beiden Extreme nur die negativen Grenzmarken eines weitgespannten Bedeutungsfeldes, innerhalb dessen auch positive Entwicklungen zu verzeichnen sind. So wurde zwar die vom Säkularisierungsprozeß ergriffene Freiheit zur Liberalität und die Liebe zur Toleranz, in dieser Umsetzung jedoch zu Prinzipien des menschlichen Zusammenlebens, die aus dem Kontext einer demokratischen Gesellschaftsordnung nicht mehr wegzudenken sind. Hier wie dort ging mit dem unbestreitbaren Sinnverlust, bezeichnend für eine ganze Reihe von vergleichbaren Fällen, eine Universalisierung einher, die den ursprünglichen Impuls auch dort noch wirksam werden ließ, wo der Glaube auf unüberwindliche Grenzen stößt. Aufgrund dieser Vorüberlegung ist nun aber der Blick für die in der Menschheits- und Christentumsgeschichte geschaffenen Glaubenszeugnisse definitiv frei.

Wenn von „Glaube" zunächst in einem weiteren Sinn gesprochen werden darf, wird dieser Blick auch die antike Vorgeschichte des Christentums einbeziehen müssen. Denn dort bestätigt sich erst recht die Annahme, daß die künstlerischen und literarischen Kulturleistungen, angefangen von den ägyptischen Tempel- und Pyramidenbauten, der griechischen Skulptur, dem Gilgamesch-Epos und den Homerischen Dichtungen bis hin zu den Werken der großen Tragiker der religiösen Sehnsucht, wenn nicht geradezu der altorientalischen und griechischen Religiosität entstammen. Erst recht gilt das von den altchristlichen Mosaikzyklen, den mittelalterlichen Domen, dem Parzival-Epos und der Divina Commedia, die, wie insbesondere auch die Gipfelwerke der Musikgeschichte, beginnend mit *Bachs* Motetten und Passionsmusiken, *Beethovens* Missa solemnis und den „religiösen Momenten" in den Werken *Schuberts,* bis hin zu den herausragenden Tonschöpfungen dieses Jahrhunderts wie *Pfitzners* „Palestrina", *Hindemiths* „Mathis der Maler", *Franz Schmidts* „Buch mit den sieben Siegeln" und *Alban Bergs* „dem Andenken eines Engels" gewidmeten Violinkonzert den christlichen Glaubensvorstellungen entstammen. Gleiches gilt aber auch, nur mit stärkerer Nuancierung, von Schlüsselwerken der neueren Literatur und Malerei wie von *Brochs* „Der Tod des Vergil", *Faulkners* „A Fable", *le Forts* Schweißtuch-Roman, *Bergengruens* „Am Himmel wie auf

Erden" oder *Schneiders* „Winter in Wien" und ebenso von *Marks* „Tirol" (mit der nachträglich eingearbeiteten Madonnenfigur), von *Beckmanns* Argonauten-Triptychon und *Chagalls* „Engelsturz".

In ihrer vollen Bedeutung werden diese Werke indessen erst dann ersichtlich, wenn sie nach dem von ihnen erstatteten Glaubenszeugnis befragt werden. Unter diesem Gesichtspunkt antwortet die Katakombenmalerei in den Figuren des Jona, der Jünglinge im Feuerofen und des Guten Hirten mit dem Hinweis auf die Zentralposition der Auferstehung, die römische und ravennatische Mosaikkunst mit eindrucksvollen Darstellungen der Lebensgemeinschaft mit dem gekreuzigten (San Clemente), dem erhöhten (Galla Placidia) und dem sakramentalen Christus (Baptisterium Neonianum), aber auch mit der Widerspiegelung heterodoxer Sehweisen (so der christologische Zyklus in Sant'Apollinare Nuovo), die Göttliche Komödie mit einer menschlichen Sicht der jenseitigen Läuterung und (in der Schlußszene) der göttlichen Selbstoffenbarung. Demgegenüber läßt sich die Bedeutung der vom religiösen Genius in der Neuzeit hervorgebrachten Werke am besten in Form von – offenen – Rückfragen klären.

Wie hätte sich vermutlich, so ist dann zu fragen, die Geschichte der christlichen Konfessionen entwickelt, wenn der von *Bach* in seiner Motette „Jesu, meine Freude" vollzogene Rückgriff von der reformatorischen Rechtfertigungslehre auf den paulinischen Gedanken der Neuschöpfung rezipiert worden wäre? Wäre sodann nicht auch von dem aus mystischer Versunkenheit hervorbrechenden „Et incarnatus est" im Credo von *Beethovens* Missa solemnis eine vergleichbare Wirkung zu erwarten gewesen; hätte nicht insbesondere die Feuerbachsche Religionskritik entscheidend an Stoßkraft verloren, weil bei Berücksichtigung dieses Glaubenszeugnisses kein Anlaß bestanden hätte, das menschliche Interesse gegen den Gottesglauben auszuspielen? Hätten des weiteren die von *le Fort* und *Bergengruen* gebotenen Deutungen der Angst, ihre angemessene Würdigung vorausgesetzt, der theologischen Reflexion nicht klarmachen können, daß sie, die Angst, und nicht der Unglaube als der wirkliche Gegensatz des Glaubens zu gelten hat und daß sich die Glaubensverkündigung heute in erster Linie um Angstüberwindung mühen müßte? Hätte insbesondere auch eine theologische Rezeption – anstatt der tatsächlichen Anfeindung – des le Fortschen Romanwerks „Das Schweißtuch der Veronika" nicht verhindern können, daß das große – und hochaktuelle – Thema der Stellvertretung in der Einseitigkeit, wie es dann durch *Dorothee Sölle* geschah, in die theologische Diskussion eingeführt wurde! Und hätte schließlich eine einfühlsame Beschäftigung mit *Schneiders* „Winter in Wien" nicht nur die Fundamentaltheologie von ihrer triumphalistischen Linie abbringen und zur Berücksichtigung gescheiterter Glaubensversuche bewegen können, zu schweigen von dem in diesem Werk wiederentdeckten Zusammenhang von Gebet und Glaube, ohne den die fundamentaltheologische Hinführung auf die Dauer nicht auskommen wird?

Eine besondere Aktualität erlangt dieser Durchgang durch die Glaubenszeugnisse der abendländischen Kulturgeschichte durch die von so unterschiedlichen Diagnostikern wie *Max Weber, Sigmund Freud* und *Walter Wimmel* vorgetragene These, daß das gegenwärtige Zeitgeschehen insgesamt im Zeichen der Wiederkehr der Prinzipien stehe: nach *Weber* im Zeichen des wiederkehrenden Mythos, nach *Freud* im Zeichen der sich realisierenden Utopien, nach *Wimmel* im Zeichen der tragenden Kulturleistung, der Schriftlichkeit. Wenn es sich so verhält, müssen auch die weithin zu Selbstverständlichkeiten gewordenen Tragkräfte der Kultur – Freiheit, Menschenwürde, Toleranz – in ihrer christlichen Herkunft, also als Früchte der Lebensleistung Jesu, wiederentdeckt werden, weil nur so der Tendenz

„Zurück ins Ghetto!" gewehrt und der Kulturwille der Glaubenden neu belebt werden kann. Denn der Glaube verbindet sich nicht nur mit dem befreienden Zuspruch: „Keine Angst, glaube nur", sondern auch mit der ermutigenden Erkenntnis: „Ich glaube, darum rede ich" (2 Kor 4,13). Christlicher Glaube verpflichtet zum Zeugnis: des Wortes, der Tat und nicht zuletzt auch des künstlerischen Werks. Wenn er somit in eine gefährliche Krise gerät, wo immer nicht mehr aus dem Glauben gesprochen und gehandelt wird, wäre für ihn ein Erlahmen der künstlerischen Zeugniskraft nicht weniger verhängnisvoll. Daher bedarf es der Neubelebung des Interesses am Glaubenszeugnis der Kunst- und Kulturgeschichte. Wenn dieses Interesse neu geweckt werden könnte, kämen zweifellos auch die Werke zustande, die auf diese neue Form von Glaubenserwartung eingingen.

Egon *Kapellari*

Anmerkungen über das Verhältnis von Glaube und Bildung

Statement beim Symposion „Innere Schulreform — Braucht Bildung Religion? Braucht Religion Bildung?"

1. Die Geschichte der Bildung und des Bildungswesens ist zu einem Großteil mit religiösen Ideen und Institutionen verknüpft. Schule und Universität standen in Europa zunächst fast ausschließlich in kirchlicher Trägerschaft. Phasenverschoben galt das auch für Lateinamerika und Afrika. Und nach allen, oft konfliktbeladenen Emanzipationen des Bildungswesens von kirchlicher Leitung gibt es immer noch und immer auch neu die katholische Schule, zahlenmäßig in der Minderheit, aber qualitativ sehr gewichtig und darum gesucht von den Eltern, anerkannt durch Staat und Gesellschaft und besucht von Kindern und Jugendlichen, die im ganzen ein positives und dankbares Verhältnis zu diesen Stätten der Bildung und Ausbildung ins Leben mitnehmen, auch wenn die Kritik an der Internats- und Klosterschule ein nicht übersehbarer Topos der neueren österreichischen Literatur von Peter Handke bis Florian Lipús, von Barbara Frischmuth bis Thomas Bernhard geworden ist. Manches davon ist gewiß poetische Überhöhung der Wirklichkeit, korrigiert durch die freilich wenig bekannte Tatsache, daß manche dieser Literaten nicht selten an die im zeitweiligen Affekt abgelehnten Stätten der Kindheit, der Jugend zurückkehren, um hier neue Inspiration zu suchen.

2. Angesichts des Themas Bildung und Glaube fragen wir, was da überhaupt miteinander verbunden ist. Be-

ginnen wir beim Glauben. Was meinen wir, wenn wir sagen „Ich glaube"? Wir meinen mehr als eine Meinung. Der Philosoph Hegel hat gegen die Haltung des bloßen „Meinens" polemisiert und hat von der „Beliebigkeit des Meinens" gesprochen, die man überwinden müsse. Eine Gestalt der überwundenen Beliebigkeit des Meinens ist das Wissen im Sinne von Wissenschaft, von Empirie. Eine andere Gestalt von Gewißheit und Engagiertheit, die über das bloße Meinen, das bloße „der Meinung sein" hinausgeht, ist das Glauben als religiöser Grundvollzug.

Dem personalistischen Philosophen und jüdischen Theologen Martin Buber verdanken wir ein kleines Buch mit dem Titel „Zwei Glaubensweisen". Buber betont, Glaube im Horizont der Bibel, mindestens der jüdischen Bibel – des Alten Testaments also – sei Vertrauen. Glaube sage sich zuletzt nicht in der Formel aus „Ich glaube, daß dies und das wahr ist", sondern in der Formel „Ich glaube Dir", und diese Formel findet ihre höchste Verwirklichung, wenn der Mensch zu Gott, auf Gott hin sagt „Ich glaube Dir, ich vertraue auf Dich". Ohne das Wagnis des Glaubens, in welchem ein Mensch sich auf andere Menschen hin und schließlich auf Gott hin öffnet, bleibt – davon ist nicht nur Martin Buber überzeugt – der Mensch ein Torso, ist eine seiner Grunddimensionen unausgefaltet.

Wissen – das ist die eine Weise, Wirklichkeit zu erschließen; ein Weg, der in den letzten Jahrhunderten und schon gar im 20. Jahrhundert auf vorher kaum vorstellbare Weise ausgebaut worden ist. Glauben – das ist die andere, die komplementäre Weise der Erschließung von Realität. „Glauben heißt nichts wissen", lautet ein zum Gemeinplatz gewordener Spruch von Halbaufgeklärten, die allerdings den Menschen und so sich selbst nicht fundamental verstehen.

Glauben im christlichen Sinn bedeutet allerdings nicht nur Vertrauen, blindes Vertrauen, sondern heißt auch glauben, daß etwas wahr und etwas anderes falsch sei. Glauben schließt auch Rationalität und Plausibilität ein, und darauf gründet ja alle Theologie. Der Glaube kann aber nicht in lauter kleine Denkschritte aufgelöst werden, die insgesamt den Sprung in den Glauben, das Wagnis als Zumutung an das Beste im Menschen ersparen würden.

3. Der zweite Grundbegriff im Thema unserer Überlegungen lautet: „Bildung". Was bedeutet dieses vielstrapazierte Wort? Ein höchstens teilwahres Bonmot sagt, Bildung sei das, was übrigbleibt, wenn man alles vergessen hat, was man lernen mußte.
„Der Begriff Bildung hat sachlich wie sprachlich seine Konturen ziemlich verloren", liest man im evangelischen Lexikon „Die Religion in Geschichte und Gegenwart". Weniger begriffsskeptisch sagt das katholische „Lexikon für Theologie und Kirche": „Bildung bedeutet den Vorgang, in dem der Mensch die eigentliche Gestalt seines Menschseins erlangt." Lassen wir beide fragmentarischen Aussagen in ökumenischer Eintracht nebeneinanderstehen und beleuchten wir kurz das Bildungsziel, wie es oben formuliert wurde: die „eigentliche Gestalt des Menschseins". Gestalt ist einer der Zentralbegriffe in der Anthropologie Goethes ebenso wie in der Theologie Romano Guardinis oder Hans Urs von Balthasars. Bildung zielt auf die Ausprägung von Gestalt.
Was damit gemeint ist, zeigt ergreifend eine kleine Skulptur an der Fassade der Kathedrale von Chartres bei Paris. Diese Skulptur gehört einem Zyklus von Bildwerken an, die die Schöpfung der Welt und des Menschen darstellen. Der unsichtbare Gott ist als das menschgewordene Wort, als junger Christus dargestellt, wie er eben den Adam erschafft. Dieser Adam ist als Gestalt schon deutlich ausgeprägt. Nur sein Haupt, sein Antlitz ist noch nicht vollendet. Der Gott-Logos hält das Haupt

des Adam in Händen und streicht glättend über die Stirn des Urmenschen. Die Gestalt Gottes und die Gestalt des Adam sind einander höchst ähnlich; aber das Antlitz des Adam hat die Schönheit des göttlichen Antlitzes noch nicht erreicht. Das ist eines der schönsten Gleichnisse für das, was Bildung sein soll: Erkennen der geheimen Gottebenbildlichkeit im Adam, im Menschen, und geburtshelferisches Bemühen um die Ausfaltung, um Gestaltwerdung dieses inwendig angelegten Bildes.
Bildung ist nicht zuerst Ein-Bildung eines Fremden, Aufgezwungenen in das Knetwachs kindlichen oder jugendlichen Menschseins, sondern Aus-Bildung, Ans-Licht-Bringen dessen, was in ihm angelegt ist. Freilich ist Bildung, Gestaltwerdung, Menschwerdung damit noch nicht ausreichend beschrieben. Bildung ist nicht nur Achten dessen, was der zu Bildende schon ist und hat, sondern dialogisch auch ein Mitteilen von solchem, was er nicht hat; Bildung ist also auch Ein-Bildung im hintergründigen Sinn dieses Wortes.

Winfried *Böhm*

Rede über Bildung an die Religiösen unter ihren Verächtern

Der Titel dieses Beitrages – die Gebildeten unter den Lesern (und wer sonst läse dieses Buch!) haben es längst gemerkt – ist dem ersten Buch Friedrich Schleiermachers nachgeformt. In seinen 1799 gedruckten *Reden über die Religion an die Gebildeten unter ihren Verächtern*[1] – einem schmalen Büchlein, das seinen Autor in der gleichen Weise bekannt machte, wie es ihm unter den Theologen einen schlechten Ruf einbrachte[2] – geht es dem reformierten Pfarrer an der Berliner Charité und späteren Theologieprofessor an den Universitäten Halle und Berlin darum, die vor allem bei den Gebildeten in argen Mißkredit geratene Religion zu rehabilitieren. Diese Reden sind ganz aus dem romantischen Denkumkreis erwachsen, in den sich der junge Schleiermacher willig hineinbegeben hatte, nachdem ihm sowohl die Herzensreligion seiner Herrnhuter Erzieher als auch die orthodoxe und rationalistische Theologie seiner Hochschullehrer fragwürdig geworden waren.[3] Die Schrift Schleiermachers hätte für uns freilich nur noch historische Bedeutung, wenn sie nicht anders gelesen werden könnte denn als ein frühromantisches Zeitdokument, als welches sie bis heute freilich oft genug hingenommen, kritisiert und entsprechend abgewertet wurde: Die Theologen unterstellten ihrem Verfasser blinden Spinozismus, verkappten Pantheismus und die Verkündigung einer reinen Gefühlsreligion; von seiten der Wissenschaft traf ihn der Vorwurf einer unzulässigen Vermischung von Philosophie und Theologie.
Während Schlegel in einem Brief aus Jena berichtet, Goethe, Hardenberg, Schelling und Fichte hätten Mühe gehabt, die Schleiermacherschen Reden auf Anhieb zu

verstehen, waren die Vertreter der Kirche nicht zimperlich und ziehen den Verfasser prompt der Unchristlichkeit und der pastoralen Heuchelei[4]. Schleiermacher seinerseits stellte in einer Replik auf diese Vorwürfe fest: „Mein Endzweck ist gewesen, in dem gegenwärtigen Sturm philosophischer Meinungen die Unabhängigkeit der Religion von jeder Metaphysik recht darzustellen und zu begründen. In mir ist also um irgend einer philosophischen Vorstellung willen der Gedanke eines Streites meiner Religion mit dem Christenthum niemals entstanden, und nie ist mir eingefallen mich als den Diener einer mir verächtlichen Superstition anzusehen, vielmehr bin ich sehr überzeugt, die Religion wirklich zu haben, die ich verkündigen soll, wenn ich auch eine ganz andre Philosophie hätte, als die meisten von denen, welche mir zuhören. ... Deutlich genug habe ich gesagt um es nicht wiederholen zu dürfen, daß ich die Religion nicht deswegen für etwas leeres halte, weil ich erkläre, daß sie zum Dienst der Moral nicht nothwendig ist; deutlich genug, daß ich unsre kirchliche Anstalt wie sie jezt ist für ein doppeltes, theils der Religion theils der Moral gewidmetes Institut halte, und so glaube ich also weder etwas meiner Ueberzeugung zuwiderlaufendes, noch etwas geringes zu thun, wenn ich von der Religion zu den Menschen rede als zu solchen, die zugleich moralisch sein sollen, und von der Moral als zu solchen, die zugleich religiös zu sein behaupten, von beiden nach dem Verhältniß welches ich jedesmal schicklich finde".[5]

Müßte es schon deshalb als gerechtfertigt erscheinen, in einem aus pädagogischer Perspektive verfaßten Vortrag zum Thema „Bildung und Religion" auf Schleiermacher zurückzugreifen, weil dieser Autor als einer der Begründer der Pädagogik als Wissenschaft und mithin als Urheber eines eigenständigen pädagogischen Denkens zu gelten hat[6], so legt sich dieser Rekurs erst recht nahe, wenn man bei einer sorgfältigen und von den Vorurtei-

len der Rezeptionsgeschichte unbeschwerten Lektüre der Reden über die Religion feststellt, daß sie so recht eigentlich um das hier in Rede stehende Thema kreisen und aus vielen Gründen heraus von ungebrochener Aktualität für eben dieses Thema sind. Soweit ich sehe, hat Schlegel richtig und weitsichtig erkannt, daß das Schwergewicht der Reden auf der sie prägenden Bildung liegt und durch diese die Religion zu einer Mitbürgerin im Reiche der Bildung konstituiert wird.
Gleichwohl leitet uns hier nicht ein historisches Erkenntnisinteresse, und schon gar liegt es uns ferne, bloße Schleiermacher-Philologie zu betreiben und eine wohlabgesicherte, feingeschliffene Interpretation der Reden darzubieten. Nicht um eine Auslegung des Schleiermacherschen Textes soll es uns gehen, sondern die von dem Theologen und Pädagogen Schleiermacher aufgezeigten Probleme und Problemverhalte sollen uns anleiten, eigene systematische Gedanken zu dem hier gestellten Thema zu formulieren und eine genuin *pädagogische* Antwort auf die Frage nach dem Verhältnis von Religion und Bildung zu geben – mag diese sich dann mehr oder weniger eng mit der von Schleiermacher vorbereiteten berühren. Nicht dafür, mit dem Schleiermacherschen Text willkürlich umgegangen zu sein, darf der Referent also am Ende gescholten werden; wohl aber gebührte ihm herbe Kritik, wenn es ihm nicht gelänge, aus den Schleiermacherschen Reden die Funken eigener pädagogischer Gedanken herauszuschlagen.

Wer auch immer sich heute dem Thema Religion und Bildung zuwendet, der wird es von dem nämlichen Ausgangspunkt tun können, von dem her sich Schleiermacher das Thema anzugehen genötigt sah: von einer Trennung beider, wenn nicht gar von einem unversöhnlichen Gegensatz zwischen ihnen. Schleiermacher leitet seine erste, „Apologie" überschriebene Rede mit der Feststellung ein, der Glaube sei von alters her nicht jedermanns Ding gewesen und von der Religion hätten immer nur wenige wirklich etwas verstanden, heute aber bewege sich das Leben gerade der gebildeten Menschen fern von allem, was der Religion auch nur ähnlich wäre. Der Satz, in dem Schleiermachers Zeitdiagnose gipfelt, könnte gestern niedergeschrieben sein: „Es ist Euch gelungen, das irdische Leben so reich und vielseitig zu machen, daß Ihr der Ewigkeit nicht mehr bedürfet, und nachdem Ihr Euch selbst ein Universum geschaffen habt, seid Ihr überhoben an dasjenige zu denken, welches Euch schuf".[7] Schleiermacher räumt auch ein, daß das breite Publikum der Gebildeten sich von der Kirche entfernt habe und am wenigsten bereit sei, von denen etwas über die Sache anzuhören, die nun in den verwitterten Ruinen jenes Heiligtums wohnen und diese Einrichtung immer mehr verunstalten und verderben. Obwohl selbst Geistlicher, legt Schleiermacher den größten Wert darauf, zu dem Thema nicht als bestallter Kirchenmann zu reden, sondern als Mensch, und zwar nicht aufgrund irgendeines Auftrages oder um irgendeines Lohnes willen, sondern aus innerem Antrieb: „Daß ich rede rührt nicht her aus einem vernünftigen Entschluße, auch nicht aus Hoffnung oder Furcht, noch geschiehet es einem Endzweke gemäß oder aus irgend einem willkührlichen oder zufälligen Grunde: es ist die innere unwiderstehliche Nothwendigkeit meiner Natur, es ist ein göttlicher Beruf, es ist das was meine Stelle im Universum bestimmt, und mich zu dem Wesen macht, welches ich bin."[8]

Mit dieser Beschreibung seines Ausgangspunktes macht Schleiermacher bereits deutlich, wo er den Grund und das Prinzip der Religion und wo er ihren Berührungspunkt mit der Bildung aufzusuchen und aufzufinden gedenkt: nicht in der Kirche und nicht in einer zur Konfession geronnenen Lehre, sondern *im Menschen selbst,* und zwar in einem jeden Menschen. In der zweiten Rede, die über das Wesen der Religion handelt, bezeichnet er den Gegenstand der Religion und läßt sie diesen mit Metaphysik und Moral teilen: „Stellet Euch auf den höchsten Standpunkt der Metaphysik und der Moral, so werdet Ihr finden, daß beide mit der Religion denselben Gegenstand haben, nemlich des Universum und das Verhältniß des Menschen zu ihm"[9]. Die sich anschließende Abgrenzung der Religion von Metaphysik und Moral führt uns mitten in die pädagogische Problematik hinein, sofern wir nur bei der Lektüre dieser Stellen unser Augenmerk mehr auf den Geist der Aussage denn auf den gedruckten Buchstaben lenken. Die Metaphysik bzw. die Transzendentalphilosophie jüngeren Datums einerseits „klaßifizirt das Universum und theilt es ab in solche Wesen und solche, sie geht den Gründen deßen was da ist nach, und deducirt die Nothwendigkeit des Wirklichen, sie entspinnet aus sich selbst die Realität der Welt und ihre Geseze". In dieses Gebiet dürfe sich die Religion nicht versteigen; an ihr sei es nämlich nicht, Wesen zu setzen und Naturen zu bestimmen, ihr komme es auch nicht zu, letzte Ursachen aufzusuchen und ewige Wahrheiten auszusprechen. Die Moral andererseits „entwikelt aus der Natur des Menschen und seines Verhältnißes gegen das Universum ein System von Pflichten, sie gebietet und untersagt Handlungen mit unumschränkter Gewalt". Auch das steht der Religion nicht zu; sie darf weder das Universum dazu mißbrauchen, Pflichten aus ihm abzuleiten, noch darf sie einen Kodex von Gesetzen aufstellen.

Schleiermacher ist sich bewußt, mit dieser Grenzziehung wider den Stachel gängiger Meinungen zu löcken, und er weiß sehr wohl, daß die Religion zu ihrem eigenen Schaden gewöhnlich nicht scharf genug von Metaphysik und Transzendentalphilosophie auf der einen und von der Moral auf der anderen Seite abgegrenzt wurde; im Gegenteil erscheint vielen die Religion als ein Gemisch aus Bruchstücken jener zwei Gebiete. Wie unmittelbar wir uns bereits dem Herzstück unseres

Themas nähern, erhellt aus der folgenden Stelle, wobei wir – dem Gedankengang vorgreifend – nur immer mitzudenken haben, daß das, was hier im Hinblick auf die Religion gesagt wird, zugleich und ebenso für die Bildung gilt. „Die Theoretiker in der Religion, die aufs Wißen über die Natur des Universums und eines höchsten Wesens, deßen Werk es ist, ausgehen, sind Metaphysiker; aber artig genug, auch etwas Moral nicht zu verschmähen. Die Praktiker, denen der Wille Gottes Hauptsache ist, sind Moralisten; aber ein wenig im Style der Metaphysik. Die Idee des Guten nehmt ihr und tragt sie in die Metaphysik als Naturgesez eines unbeschränkten und unbedürftigen Wesens, und die Idee eines Urwesens nehmt Ihr aus der Metaphysik und tragt sie in die Moral, damit dieses große Werk nicht anonym bleibe, sondern vor einem so herrlichen Kodex das Bild des Gesezgebers könne gestochen werden. Mengt aber und rührt wie Ihr wollt, dies geht nie zusammen, Ihr treibt ein leeres Spiel mit Materien, die sich einander nicht aneignen, Ihr behaltet immer nur Metaphysik und Moral".[10] Mag man also diese Kompilation oder Chrestomathie noch so beharrlich Religion nennen, ihrem Wesen gerät man auf diese Weise nicht einmal auf die Spur. Dieses Wesen der Religion – so zeigt Schleiermacher – ist weder Denken noch Handeln, sondern Anschauung und Gefühl, wobei man nur das Wort Gefühl nicht sentimentalisch mißverstehen darf. Religion ist Metaphysik und Moral in allem entgegengesetzt, und sie will – anders als jene – im Menschen nicht weniger als in allen anderen Einzelnen und Endlichen das Unendliche sehen, dessen individuellen Abdruck und dessen personale Darstellung. So gelangt Schleiermacher zu der Formulierung: „Praxis ist Kunst, Spekulazion ist Wißenschaft, Religion ist Sinn und Geschmak fürs Unendliche."[11] Anschauen des Universums wird so für Schleiermacher zur allgemeinsten und höchsten Formel der Religion und – so dürfen wir ergänzen – der Bildung.

Diese Bestimmung der Religion und der Bildung hat beträchtliche Konsequenzen. Alles Anschauen ist und bleibt immer etwas Einzelnes und Abgesondertes; einzelne und abgesonderte Erfahrungen vom Dasein und Handeln des Universums miteinander zu verknüpfen oder aus ihnen gar ein System machen zu wollen, liegt dem religiösen Sinn ebenso ferne, wie es dem abstrakten Denken naheliegen mag. Religion ebenso wie Bildung sind – so gesehen – eminent individuelle Phänomene. Beide gehen vom Anschauenden selbst aus; dieser entscheidet, ob er seinen Blick auf das Universum und sein Handeln richten oder ob er sein Auge diesen gegenüber verschließen will. Anschauung als etwas Individuelles und aktiv zu Leistendes kann niemandem von außen eingepflanzt werden, so wie man einem Blinden auch nicht das Gesicht einsetzen könnte. Für die Religion gleicherweise wie für die Bildung gilt, daß sie nicht gelingt, „wenn Ihr Euch ihre einzelnen Elemente auch noch so vollkommen von außen an und eingebildet habt; von innen muß sie hervorgehen".[12]

Es ist an dieser Stelle höchste Zeit, die Wiedergabe des Schleiermacherschen Gedankenganges zu unterbrechen. Der geneigte Leser mag längst ungeduldig darauf warten, daß ihm endlich aufgezeigt werde, welche Aktualität diese Problemsichten für das Verhältnis von Religion und Bildung *heute* haben; denn nicht nur um Gleichläufigkeiten im Wesen von Religion und Bildung ist es uns hier zu tun, sondern um die Klärung ihres Verhältnisses im Sinne der Leitfrage des Symposiums, ob denn Bildung der Religion und Religion der Bildung (noch) bedürfe. Daß sie offensichtlich und faktisch einander nicht zu brauchen scheinen, war der empirische Befund Schleiermachers und kann auch der unsrige heute sein. Daß diese Friktion zwischen Bildung und Religion auf falschen Auffassungen von dieser wie von jener beruhte und dieserhalb zum Nutzen von beiden überwunden werden sollte, das war die Überzeugung und das Interesse Schleiermachers. Zu zeigen, daß die Trennung von Religion und Bildung heute auf verfehlte Ansichten über ihre Verknüpfung zurückgeht und ihr Zusammenspiel daher neu eingestimmt werden muß, das ist die Aufgabe der nun folgenden Überlegungen. Wir erörtern dabei das Verhältnis von Religion und Bildung nicht auf der empirisch-erziehungspraktischen Ebene, sondern dort, wo diese Frage zuerst erörtert werden muß, weil von dorther das praktische Erziehungshandeln seine regulative Idee und seine Maßgaben erhält: auf der Ebene der Erziehungs- und Bildungstheorie, genauer: auf der Ebene der pädagogischen Epistemologie.

Auf dieser Ebene ist das Problem in den letzten ca. einhundert Jahren ausgiebig diskutiert und unterschiedlichen Lösungen zugeführt worden, und zwar unter den verschiedensten Benennungen: als *Religionspädagogik,* als *Theologie der Erziehung* und vor allem als *christliche Erziehungswissenschaft.*[13] Wir lassen im folgenden alle Positionen außer acht, die auf eine strikte Trennung zwischen Religion und Bildung hinauslaufen; diese sind zahlreich, und wir hätten sie hier unter dem Thema einer Säkularisierung bzw. Profanisierung von Bildung und Schule breit zu erörtern. Wir beschränken uns hier auf pädagogische Standpunkte, die ausdrücklich von einem substantiellen Zusammenhang zwischen Religion und Bildung ausgehen und das Verhältnis von christlicher Religion und Bildung bzw. von christlicher Theologie und Pädagogik in zentraler Weise thematisieren, sintemalen sich unsere „Rede" (im Gegensatz zu dem Schleiermacherschen Text) nicht an die Gebildeten unter den Verächtern der Religion wendet, sondern umgekehrt an die Religiösen unter den Verächtern der Bildung. Der Umfang dieses Vortrags erlaubt es nicht, dabei auf einzelne Autoren einzugehen und feinere Abschattierungen vorzunehmen; er gebietet es vielmehr, einige Vergröberungen in Kauf zu nehmen und lediglich von vier modellhaften Lösungen zu sprechen, auf die die einzelnen Positionen verdichtet werden können. Dabei haben wir uns noch einmal zu vergegenwärtigen, daß wir die Frage nach dem Verhältnis von Religion und Bildung nicht praxisbezogen nach dem Verhältnis von Glaube und Erziehung stellen, sondern auf der wissenschaftstheoretischen Ebene nach dem Verhältnis von Theologie und Pädagogik fragen. Dabei halten wir es für überflüssig, erst noch eine Begründung dafür liefern zu müssen, warum die Bestimmung des Verhältnisses von Theologie und Pädagogik das Grundlagenproblem einer jeden Religionspädagogik, Theologie der Erziehung und vor allem einer christlichen Erziehungswissenschaft darstellt.[14]

Zum traditionellen Gemeingut christlicher, vor allem katholischer Pädagogik in den letzten ca. einhundert Jahren gehört die ausdrückliche oder auch stillschweigende Grundüberzeugung, die Pädagogik habe nicht nur eine deskriptiv-analytische, also die Erziehungswirklichkeit beschreibende und erklärende, sondern auch und vor allem eine normative, d. h. dem erzieherischen Handeln Maßstäbe setzende Wissenschaft zu sein. Im Hinblick auf das Formalobjekt – den homo educandus – und hinsichtlich ihrer Methodologie komme der Pädagogik zwar eine gewisse und relative Eigenständigkeit zu, im Hinblick auf die zentralen Fragen einer pädagogischen Anthropologie und Teleologie könne sie ihre normative Kraft aber allein aus einer Weltanschauung, sei es eine aus der Philosophie oder eine aus dem Glauben erwachsene, gewinnen. In Rücksicht auf eine „christliche Erziehungswissenschaft" habe diese angesichts des sie kennzeichnenden Adjektivs ihre Normen notwendigerweise aus der christlichen Theologie, verstanden als die Wissenschaft vom Glauben, zu schöpfen. Als eine in diesem Sinne „normative" Wissenschaft hängt die Pädagogik von der Theologie ab wie eine norma normata von der norma normans. Die entsprechenden theologischen und pädagogischen Aussagen – jedenfalls, soweit sie das Normative und Maßgebliche betreffen – sind dabei von vornherein einander nicht *para*taktisch, sondern *hypo*taktisch zugeordnet, stehen mithin nicht gleichrangig nebeneinander, sondern sind einander über- bzw. untergeordnet. Das Verhältnis von Theologie und Pädagogik wird als ein *hierarchisches* gedacht, und da „die Theologie naturgemäß ihre autoritäre Prävalenz und wissenschaftliche Leitfunktion aus Offenbarung und Glauben ableitet und weil sie von der christlich-katholisch sein wollenden Pädagogik dazu nachgerade ermuntert wird, erweist sich dieses Herrschaftsverhältnis überdies als sakral legitimiert".[15]

Der Anspruch dieser Position bläht sich noch beträchtlich auf, wenn man hinzunimmt, daß bei ihren Vertretern diese hierarchische Abhängigkeit der Pädagogik von der Theologie nicht etwa als ein Abstrich oder gar als ein Verlust an wissenschaftlicher Autonomie gesehen, sondern im Gegenteil die Meinung hochgehalten wird, nur eine christliche und dergestalt theologisch normierte Pädagogik könne überhaupt zu wahrer Wissenschaftlichkeit aufsteigen. Selbst als diese christliche Erziehungswissenschaft in den zwanziger Jahren in arge Bedrängnis geriet und ihr ramponiertes Ansehen durch Anleihen bei der sogenannten geisteswissenschaftlichen Pädagogik aufzubessern suchte, beharrte man hartnäckig auf dem „Plus an Erkenntnis- und Erziehungswerten, das die Theologie der philosophischen, rein natürlichen (sic!) Pädagogik hinzufügen kann".[16] Da diese Position, die ihre Hauptvertreter in Willmann, Göttler, Schneider, Schröteler, Gründer, Pfliegler, Eggersdorfer u. a. hat, sich ausdrücklich nicht als eine Pädagogik neben anderen, sondern als *die* paedagogia perennis begreift, nimmt es nicht wunder, daß ihre Bannerträger sich von keiner noch so massiven Kritik und von keinen noch so begründeten Gegenargumenten anfechten lassen, sondern auch dann noch standhaft auf ihrem vermeintlich unerschütterlichen Posten aushalten, wenn die wissenschaftstheoretische Diskussion längst über sie hinweggegangen ist und sie selbst ins erziehungswissenschaftliche Abseits geraten sind. Gewiß leugnen jüngere Vertreter dieser Position wie Franz Pöggeler, Fritz März, Hubert Henz u. a. nicht die Bedeutung des empirisch-analytischen Teils der Erziehungswissenschaft, hinsichtlich der normativen Seite ihrer christlichen Pädagogik halten sie jedoch unverrückt an dem hierarchischen Beziehungsmodell zwischen Theologie und Pädagogik fest. So kann beispielsweise Hubert Henz noch 1964 in der 1. Auflage seines (inzwischen freilich überarbeiteten) Lehrbuches der systematischen Pädagogik sagen, der christlichen Pädagogik komme gegenüber den anderen Richtungen ein deutlicher Vorrang zu, „weil ihr klare, allgemeine Normen im Glauben, in Christus, in den theologischen Disziplinen, im führenden Wort der Kirche zugänglich sind".[17]

Dieses hierarchische Modell wirft aus heutiger Sicht eine Reihe von Fragen auf. Dabei erscheint uns an diesem Modell nicht nur höchst unbefriedigend, daß es dem legitimen Autonomieanspruch der Pädagogik recht hilflos gegenübersteht, einem Autonomieanspruch, den als eine Notwendigkeit der wissenschaftstheoretischen Entwicklung nicht einmal mehr ein so weltanschaulich gebundener Autor wie Romano Guardini leugnen konnte und wollte.[18] Aber auch wenn wir diese Frage ganz beiseite lassen, bleibt doch der schon von Schleiermacher in seinen Pädagogischen Vorlesungen von 1826 erhobene Einwand bestehen, ob eine allgemeingültige Pädagogik überhaupt möglich sei, solange diese ihre Normen wie Lemmata aus einer vorgegebenen Weltanschauung und Ethik herleiten lasse; in diesem Falle gäbe es zwangsläufig so viele Pädagogiken, wie es Ethiken und Weltanschauungen gibt, und der Streit darüber, welcher dieser Pädagogiken der Vorrang zu geben sei, wäre dann genauso unbeendbar wie der Streit über diese Weltanschauungen selbst. Welche schließlich die Oberhand gewinnt, hinge dann davon ab, welche Weltanschauung jeweils die Macht besitzt, sich durchzusetzen, notfalls auch mit Gewalt. Ohne Zweifel fällt eine solche Weltanschauungspädagogik – wissenschaftstheoretisch gesehen – in ein vorkritisches Stadium der Pädagogik, also vor Kant und Rousseau zurück, indem sie sich freiwillig der kritischen Reflexion über anthropologische und teleologische Fragen begibt und zum – eben unkritischen – Annex, oder anders gesagt: zum billigen Ausführungsgehilfen der betreffenden Weltanschauung wird.[19] Dieser Einwand betrifft aber nicht mehr nur die Autonomie der Pädagogik als Wissenschaft, sondern viel gravierender noch die Autonomie des Zöglings, denn – auch das hat Schleiermacher deutlich gezeigt – eine Pädagogik, die von unverrückbar vorgegebenen Zielen ausgeht, gerät fast unentrinnbar in die Gefahr, sich auf Didaktik und Methodik zu beschränken, und zwar auf eine recht heteronome und häufig genug autoritäre dazu. Die Rousseausche Frage, mit der die gesamte moderne Pädagogik beginnt, wird ihr eher als häretisch vorkommen, die Frage nämlich, ob Erziehung tatsächlich darin aufgehen könne, den Zögling bestimmten Normen gemäß zu formen und zurechtzubiegen oder ob die Bildung des Menschen nicht gerade umgekehrt darin bestehe, daß er in den Stand komme, sich die Ziele und Werte seines Lebens begründetermaßen selber zu setzen.

Ein zweites Modell der Zuordnung von Theologie und Pädagogik, das weniger unter dem Begriff einer christlichen Erziehungswissenschaft als vielmehr unter dem Thema einer Theologie der Erziehung erörtert worden ist, geht über das hierarchische noch hinaus, indem es die Pädagogik nicht nur in Abhängigkeit zur Theologie, sondern mit dieser gar zur Deckung bringen will. Das

geschieht, indem Erziehungsgeschehen und Heilsgeschehen analog gesetzt werden, die Theologie als eine einzigartige Heilspädagogik ausgelegt, die Offenbarung als ein allumfassendes Erziehungs- und Bildungsprogramm gelesen, Christus als der große Menschheitserzieher, die Kirche als universelle Erziehungsanstalt und die Sakramente am Ende als Erziehungsmittel gedeutet werden. In dem gleichen Maße, wie von diesem *analogischen Modell* her das göttliche Erlösungswerk als ein großangelegtes Erziehungswerk begriffen und die Erziehung soteriologisch interpretiert wird, verwandeln sich die entsprechenden Wissenschaften Theologie und Pädagogik einander an und werden zu zwei verschiedenen Perspektiven ein und derselben Sache. Es verwundert dann nicht, wenn die vorausgesetzte Analogie zwischen Erlösung und Erziehung Christus dann als Erzieher, den Heilsempfänger als Zögling, den educandus umgekehrt als Heilsempfänger, den Erzieher als Heilsvermittler erscheinen läßt und eine Terminologie hervorbringt, die theologische und pädagogische Aussagen nicht nur als Analogate, sondern gar als Synonyme verwendet. Wenn sich diese Position auf eine ehrwürdige Tradition beruft und Klemens von Alexandrien mit seiner These vom *Christos Paidagogos,* der sich uns gegenüber so verhält wie wir gegen unsere Kinder[20], als Kronzeugen heranzieht, muß man sich freilich sogleich vergegenwärtigen, daß Klemens alttestamentliche Topoi mit griechisch-stoischem Bildungsdenken verbindet, die sich nur schwerlich biblisch-christologisch begründen lassen dürften, so wie man überhaupt die Bibel ungehörig strapazieren würde, wenn man ihr eine ausformulierte Erziehungstheorie abverlangen wollte.[21]
Aber nicht darüber haben wir hier zu richten, ob sich das analogische Modell biblisch rechtfertigen läßt oder nicht; unsere pädagogische Frage kann sich allein darauf wenden, welche Konsequenzen die beanspruchte Kongruenz zwischen Erlösung und Erziehung nach sich

zieht und wie diese pädagogisch zu beurteilen sind.
Wenn Joseph A. Bernberg in seinem *Umriß der katholischen Pädagogik*[22] das Wesen der Erziehung in der Heiligung des Kindes sieht und Franz Xaver Eggersdorfer in seiner berühmten Definition Erziehung als „Heilswille am werdenden Menschen"[23] bestimmt, wenn neuerdings Franz Pöggeler Erziehung als „eine von mehreren Weisen menschlicher Heilsverwirklichung" bezeichnet[24] und Hubert Henz dem Erzieher gar ein priesterliches Wirken zuerkennt, dann wird einerseits abermals die Frage wach, ob denn hier überhaupt von Pädagogik gesprochen werden kann, wenn sich diese selbst aufgibt und ohne zwingenden Grund in theologische Pastoral auflöst: „Sein (scil.: des Erziehers) Wirken ist *priesterlich*: Hinführen zum Heil und zur ewigen Vollendung. – Richtig und zutiefst treffend ist diese Analogie, weil sie den *Kern,* das *Zentrum,* unmittelbar ins Auge faßt, weil der Erzieher von der heiligenden, helfenden Liebe Gottes haben muß, weil ihm das ewige *Glück,* also das Heil seines Kindes vor allem anderen am Herzen liegen muß, weil schließlich alles Irdische im Lichte des Himmlischen letzten Sinn und letzte Ausrichtung empfängt."[25] Und andererseits bricht der Zweifel darüber auf, ob eine solche das Erziehungsgeschäft überhöhende Aussage angesichts der tatsächlichen Säkularisierung von Erziehung und Bildung – unbeschadet ihrer theologischen Dignität – etwas anderes sein kann als eine fromme Beschwichtigungsformel. Die Lehrerbildung in einer pluralistischen Demokratie und ein erziehungswissenschaftliches Studium an einer weltanschaulich ungebundenen Universität wird man heute jedenfalls kaum noch als Priesterbildung betreiben wollen und erst recht nicht können.
Der Gedanke einer Kongruenz von Erlösung und Erziehung und das analogische Beziehungsmodell zwischen Theologie und Pädagogik stützt sich bildungstheoretisch häufig auf die Kategorie der Gottebenbild-

lichkeit.²⁶ Das ist bildungsgeschichtlich gerechtfertigt, denn der deutsche Bildungsbegriff – und dieser Begriff ist überhaupt nur ein deutscher Begriff, der in anderen Sprachen nicht vorkommt – stammt mittelbar aus der biblischen Imago-Dei-Lehre und unmittelbar aus ihrer pädagogischen Rezeption durch die deutsche Mystik.²⁷ So legitim also der Rekurs auf diesen Topos erscheinen mag, so entscheidend ist doch die Frage, von welchem Auslegungshorizont her die Analogie zwischen Schöpfergott und Menschenbildner gedacht wird. Nicht selten erfolgt diese Auslegung von der platonischen poiesis-Auffassung her²⁸, und zwar so, als müsse der Bildner in seinem Geiste das Ideal dessen, was er zustande bringen will, konturenscharf entwerfen, um es dann dem Stoffe, den er für sein Werk ausgewählt hat, einzuprägen²⁹. Felix A. Ph. Dupanloup, einer der einflußreichen Vertreter der hier erörterten Position, legt die in Rede stehende Analogie zwischen Gott und Erzieher in der Tat so aus: „Der Erziehung wird gleichsam durch die erste Schöpfung der Grundstoff, die Materie, anvertraut; alsdann übernimmt sie es, dieselbe zu bilden; sie drückt ihre Schönheit, Erhabenheit, Feinheit, Größe auf; sie haucht ihr gleichsam Leben, Kraft, Anmuth und Licht ein". Hans Schilling, der diese Stelle zitiert, kommentiert sie als das *„proton pseudos aller pädagogischen Theorie"*, und er unterläßt dabei nicht den Hinweis auf die gefährliche Nähe zur Menschenformung totalitärer Systeme und zur Menschenprägung des Nationalsozialismus, in die eine solche Bildungsauffassung ungewollt und unverschuldet geraten kann.³⁰ Daß es allemal inhuman erscheinen muß, von einem menschlichen Rohstoff und von einem Menschenmaterial zu reden, das steht dabei auf einem ganz anderen Blatt.

Es liegt auf der Hand, daß eine solche bildungstheoretische Auslegung der Imago-Dei-Theologie weltenweit von jener anderen, dem modernen Personalismus zugrundeliegenden Interpretation der Gottebenbildlichkeit entfernt ist, die den nach dem Bilde des Schöpfergottes geschaffenen Menschen von seiner Fähigkeit her begreift, sein eigenes Leben und seine eigene Welt gerade nicht von anderen hervorbringen lassen zu müssen, sondern selbst gestalten und hervorbringen zu können und auch zu sollen, sofern die Ebenbildlichkeit mit dem Schöpfer zugleich Berufung zu diesem Schöpfertum bedeutet. Diese Deutung hat neben jener anderen, durch heidnische Philosopheme überlagerten und möglicherweise verformten eine ehrwürdige Tradition im christlichen Selbstverständnis.[31] Die christlichen Humanisten Juan Luis Vives in seiner „Fabula de homine" und Pico della Mirandola in seiner Rede über die Würde des Menschen haben ihr klassischen Ausdruck gegeben. Der Kardinal Nikolaus von Kues hat in seiner Schrift „Über den Beryll" den Menschen gar als einen zweiten Gott bezeichnet: „Denn wie Gott Schöpfer der realen Seienden und der natürlichen Formen ist, so ist der Mensch Schöpfer der Verstandesseienden (rationalium entium) und der künstlichen Formen, die lediglich Ähnlichkeiten seiner Vernunft sind, so wie die Geschöpfe Ähnlichkeiten der göttlichen Vernunft sind. Also hat der Mensch die Vernunft, die im Erschaffen Ähnlichkeit der göttlichen Vernunft ist"[32].

Ehe wir uns dem dritten Beziehungsmodell zuwenden, sei noch angemerkt, was Hans Schilling bei seiner kritischen Analyse des analogischen Lösungsansatzes zutage fördert. Er zeigt nicht nur den essentialistischen Grundzug dieses Denkmodells auf, das sich kraft der Behauptung, Wesentliches, Unüberholbares – eben „pädagogisch Perennes" – auszusagen, nicht nur gegen alle Angriffe Andersdenkender immunisiert, sondern er macht auch deutlich, daß die Analogie zwischen Theologie und Pädagogik auf einer vermeintlich dogmatischen Invariante beruht und hinfällig wird, wenn dieses ganz bestimmte Theorem einer Revision unterzogen wird: die neuscholastische Interpretation des Verhältnisses von Gnade und Natur – „Gratia supponit naturam et perficit eam". In der Tat werden das hierarchische und das analogische Beziehungsmodell in dem Maße erschüttert und dann zum Einsturz gebracht, in dem sich gegenüber einem statisch-geschlossenen *essentialistischen* ein dynamisch-offenes *existentialisch-personalistisches* Denken Geltung verschafft[33] und sich die Theologie wieder ihrer eigenen Geschichtlichkeit und Geschichtsbezogenheit bewußt wird und – um mit Karl Rahner zu sprechen – (wieder) mit Veränderungen rechnet, „die durch die Gesamtsituation, in der sie geschichtlich lebt, bedingt sind"[34]. Wenn von theologischer Seite (wieder) die Möglichkeit des Sichirrens eingeräumt, die Vervollkommnung ihrer Aussagen eingestanden und die mit der Geschichtlichkeit notwendig verbundene Vorläufigkeit des Denkens ins Kalkül einbezogen wird, dann kann eine solche Theologie nicht länger als die norma normans einer von ihr normierten Pädagogik mißbraucht werden; wenn das neuscholastische Interpretament des Verhältnisses von Gnade und Natur als eine geschichtliche Aussage dem theologischen Überdenken anheimgegeben wird, bedarf auch die künstliche Hochstilisierung der Erziehung zu einer Erlösungstat dringlichst der kritischen Revidierung. Der vom analogischen Standpunkt her denkmögliche Grundsatz „nulla salus extra educationem christianam" verliert dann seine letzte Lebenskraft und sackt in sich zusammen.

Während das hierarchische und das analogische Beziehungsmodell von Theologie und Pädagogik im katholischen Raum beheimatet sind, ist seit den zwanziger Jahren in der evangelischen Diskussion im Anschluß an die Dialektische Theologie und im Zusammenhang mit einer kräftigen Luther-Renaissance ein drittes Modell entstanden, das von dem römischen Theologen Giuseppe Groppo als *konfliktuales Modell* beschrieben wird. Vor allem von der Dialektischen Theologie her wurde das

Konzept einer Religionspädagogik von Grund auf in Frage gestellt und das grundsätzliche Problem aufgeworfen, ob eine erzieherisch-didaktische Hinführung junger Menschen zum christlich-religiösen Glauben überhaupt möglich sei. Herausragende Autoren wie Gerhard Bohne, Helmuth Kittel[35] und Oskar Hammelsbeck zeigen die doppelte Fragwürdigkeit jeder „Religionspädagogik" auf und entwerfen eine „Evangelische Lehre von der Erziehung" – so der Titel eines Hammelsbeckschen Buches[36] –, die von der spannungsreichen Konfliktualität zwischen Evangelium und Erziehung ausgeht und zu dem Ergebnis kommt, daß es eine evangelische Erziehung und eine christlich-evangelische Pädagogik nicht geben könne, wenn man „evangelisch" adjektivisch (und nicht adverbialisch) versteht. Schilling faßt die Bohne-Hammelsbecksche Position trefflich zusammen: „Wo im Lichte dialektischer Kritik Religion zur unheilschwangeren Anmaßung des Menschen vor Gott, und wo *Pädagogik* als Teil menschlicher Kultur bzw. Kulturwissenschaft zum – theologisch negativ geladenen – Gegenpol der christlichen Glaubensrealität bzw. Glaubenswissenschaft geworden ist – da muß eine *evangelische Religionspädagogik* erst recht dem theologischen Verdikt verfallen."[37] Wenn Hammelsbeck den Gedanken einer „evangelischen Erziehungslehre" radikal abweist und dagegen eine „Evangelische Lehre von der Erziehung" entwirft, dann geht es ihm exakt darum, jede Determinierung und Qualifizierung des Pädagogischen vom Theologischen her strikt abzuweisen, denn Glaube und Religion, Pädagogik und Theologie sind – das war eine der Erkenntnisse der Dialektischen Theologie – weder aufeinander rückführbar noch irgendwie kommensurabel.

Der Religions- und Moralpädagogik kommt in dieser evangelisch-theologisch begründeten Lehre von der Erziehung keine positive Bedeutung mehr zu, weil nach ihrer Ansicht die pädagogische Blickrichtung den Verkündigungscharakter der evangelischen Botschaft und Unterweisung grundsätzlich verfehlt und weil die „Religion" – von der kritischen Theologie als eine harmonisierende Verbrämung der von Grund auf disharmonischen Offenbarung gedeutet – den Zugang zur evangelischen Unterweisung verstellt. In dem Bewußtsein, daß das Evangelium nicht pädagogisiert werden dürfe, wird der Auftrag der evangelischen Unterweisung darauf beschränkt, Hilfe zum Glauben zu leisten, indem sie lehrt, auf das Wort Gottes zu *hören*.

Wenn aber von der grundsätzlichen pädagogischen Unverfügbarkeit von Evangelium und Glaube ausgegangen wird, Religion also keine Brücke zu Gott bauen und christliche Erziehung keinen Weg zum Evangelium darstellen kann, dann kann das Verhältnis von Theologie und Pädagogik einzig und allein als konfliktuales gedacht werden.

Dieses im Gefolge der Dialektischen Theologie entwickelte Modell ist seither auch im evangelischen Raum einer Revision unterzogen worden. Da wir hier nicht eine historische Entwicklung nachzeichnen, sondern einen systematischen Gedankengang verfolgen wollen, mag hier der Hinweis genügen, daß diese Revision just mit einer Rückbesinnung auf Schleiermacher eingesetzt hat, wobei an dessen Einsicht in die Nichtlehrbarkeit der Religion und in die Nichtinduzierbarkeit des Glaubens nicht gerüttelt, wohl aber die Notwendigkeit einer Erziehung und einer Bildung unterstrichen wurde, welche die „Unzulänglichkeit der religiösen Wirklichkeit ausdrücklich als die Unverfügbarkeit Gottes verständlich" zu machen weiß.[38]

Die neuerliche Erwähnung Schleiermachers gibt uns an dieser Stelle Gelegenheit, an die einleitenden Ausführungen zu Schleiermachers Reden über die Religion anzuknüpfen, die beiden hier verfolgten Gedankenstränge miteinander zu verbinden und zu einem vierten und weiterführenden Beziehungsmodell zwischen Theologie und Pädagogik fortzuschreiten, das uns dann eine befriedigende Antwort auf die Themenfrage des Symposions gestattet und zugleich geeignet erscheint, die bei den Religiösen in Verruf gekommene Bildung und die bei den Gebildeten in Mißkredit geratene Religion zu rehabilitieren.

Bei den drei bisher erörterten Modellen handelt es sich um geschichtliche Lösungsversuche; als solche sind sie geschichtlich-gesellschaftlichen Veränderungen unterworfen. Solche Veränderungen haben sich auf theologischer und auf pädagogischer Seite vollzogen und die drei Modelle für alle diejenigen obsolet werden lassen, die sich diesen Veränderungen in Theologie und Pädagogik nicht blind verschließen. In der evangelischen ebenso wie in der (postkonziliaren) katholischen Theologie spricht man heute von drei Wenden, die diese Veränderungen wie in einem Brennspiegel zusammenfassen: eine anthropologische, eine hermeneutische und eine Wende hin zur Praxis. Die jüngste und heute vielleicht wirkungsmächtigste theologische Richtung, die Theologie der Befreiung, scheint diese drei Wenden am grellsten widerzuspiegeln. Wenn wir zwei der geistigen Väter der Befreiungstheologie, Gustavo Gutiérrez und Juan Carlos Scannone, folgen, dann stellt sie einen Versuch dar, die lateinamerikanische Wirklichkeit theologisch zu denken. Ausgehend von der kritischen Funktion der Theologie im Hinblick auf das pastorale Handeln der Kirche dehnte der gleichermaßen in Theologie und Pastoral beheimatete und tätige Gutiérrez die Aufgabe dieser neuen Art von Theologie aus und beschrieb sie 1971 erstmals als „reflexión crítica de la praxis histórica a la luz de la palabra"[39]. Wenig später und zutreffender spricht er ebenso formelhaft von einer „kritischen Reflexion in und über die historische Praxis im Angesicht (en confrontación) des lebendigen und im Glauben angenommenen Wortes des Herrn".[40] An gleicher Stelle ist die Rede von „einer Reflexion im und über den Glauben als befreiende Praxis".

Scannone macht darüber hinaus deutlich, daß die so verstandene Theologie eine sekundäre Tätigkeit darstellt im Hinblick auf die aus der christlichen Liebe heraus als primären Akt geleistete Befreiung in dem historischen Kontext von Ungerechtigkeit und Unterdrückung[41]. Beide, Gutiérrez und Scannone, halten mit aller Entschiedenheit an den traditionellen Funktionen der Theologie als geistliche Weisheit und als rationale Wissenschaft fest und verstehen die neue Aufgabe als eine – freilich notwendige – Ausweitung und Ergänzung – nur: die geistliche Weisheit sehen sie nicht mehr aus der Ruhe mönchischer Beschaulichkeit erwachsen, sondern als die Frucht einer „contemplación en la acción", und zwar eines von der christlichen Liebe motivierten sowohl pastoralen als auch weltlichen und politischen Handelns; und die Rationalität der theologischen Wissenschaft schreiben sie nicht mehr nur der philosophischen *episteme* zu, sondern auch der neuen Rationalität der Human- und Sozialwissenschaften. Scannone, der vor allem den hermeneutischen Grundzug der Befreiungstheologie betont, unterstreicht ausdrücklich den strikt theologischen (und nicht nur gläubigen) Charakter dieser Wirklichkeitsauslegung, aber er fügt sogleich hinzu, daß die Theologie sich dabei die analytische Potenz der Human- und Sozialwissenschaften zunutze machen müsse.[42]

Diese wenigen Kennzeichnungen der Theologie der Befreiung als jener theologischen Richtung, die die anthropologische, die hermeneutische und die praktische Wende der Theologie am grellsten widerspiegelt, genügen, um einsichtig zu machen, daß einer solchen Theologie ein hierarchisches Beziehungsmodell zwischen Theologie und Pädagogik ebenso fremd bleiben muß wie ein analogisches und ein konfliktuales. Ihr Verhältnis zur Pädagogik kann nicht anders denn als ein *dialogi*-

sches gedacht werden. Diese Theologie benötigt bei ihrer Lektüre und Auslegung der Wirklichkeit auch der Pädagogik und der pädagogischen Analyse, sofern die historische Wirklichkeit auch pädagogisch bestimmt ist und der aus der christlichen Liebe hervorgehende Befreiungsprozeß auch erzieherische Maßnahmen einschließt. Daran, daß diese Theologie die Pädagogik normieren könne oder wolle, ist allerdings kein Gedanke mehr.

Wenn aber der Pädagogik die normative Kraft der Theologie entzogen wird, muß sie die Normen ihres Handelns aus sich selbst hervorbringen und einen eigenständigen pädagogischen Diskurs anstrengen. Gelingt es ihr dabei, eine authentische pädagogische Epistemologie zu entwickeln, bedarf sie dann ihrerseits noch der Theologie, und hat sie einen Dialog mit ihr dann überhaupt noch nötig?

In der Tat richtet sich die Pfeilspitze der gesamten epistemologischen Diskussion in der neueren Pädagogik gegen jegliche Form fremdbestimmter Normierung. Diese kann aber als solche nicht dadurch ausgemerzt werden, daß an die Stelle einer normierenden Instanz eine andere gesetzt wird, an die Stelle der Theologie beispielsweise die Gesellschaft, die Politik, eine Ideologie, eine Weltanschauung usw. Überhaupt ist ein pädagogisches Denkmuster endgültig zu verabschieden, welches die Erziehung als das Gemächte eines Erziehers mißversteht und ihr Herzstück in der plastischen Gestaltung des Zöglings „materials" gemäß vorgegebener Prägeformen (sprich: Normen) sehen zu dürfen glaubt. Nicht nur die Relativierung normsetzender Instanzen durch die moderne pluralistische Gesellschaft, sondern auch und mehr noch die Kultivierung eines (transzendental-)kritischen, d. h. nach den Bedingungen der Möglichkeit von Erziehung fragenden Denkens in der Pädagogik hat deutlich gemacht, daß diese eines eigenständigen Denkens nur dann fähig werden kann, wenn sie von der positiven Setzung von Normen ganz und gar abläßt und statt dessen ihre Aufgabe „in der kritischen Reflexion der Normativität möglicher Normen für Erziehung und Bildung" sieht.[43] Der pädagogische Personalismus hat, vor allem in seiner Ausformung durch Giuseppe Flores d'Arcais, zu zeigen vermocht[44], daß die pädagogische Theorie nicht anders anzulegen ist denn als die kritische Reflexion in und über die erzieherische Wirklichkeit, und zwar im Angesichte der menschlichen Person. Nicht darauf soll sich die Aufmerksamkeit richten, daß diese Formulierung sich nahezu völlig mit Gutiérrez' Bestimmung der (Befreiungs-)Theologie deckt, sondern vielmehr darauf, daß mit dem Begriff der menschlichen Person eine pädagogische Norm in Anschlag gebracht wird, die sich per definitionem jeder positiven Normierung entzieht und im Gegenteil jenes frei Schöpferische im Menschen meint, das dieser in der prokreativen Gestaltung seiner selbst, anders ausgedrückt: im Übergang vom Individuum zur Person hervorbringt und realisiert.[45]

Erziehung und Bildung als das schöpferische Werk der Person verstanden nötigen dann, von jener Herbartschen und nachherbartschen Vorstellung (die sich so fest im pädagogischen Alltagsverstand eingenistet hat) abzurücken, wonach die Pädagogik auf zwei Säulen ruhe: zum einen einer positive Normen setzenden und zum anderen einer die technische Ausführung des Prägevorgangs anleitenden und steuernden Wissenschaft; bekanntlich waren das für Herbart die Ethik und die Psychologie[46].

Aber schon für seinen Zeitgenossen Schleiermacher war ein solches handwerkliches Modell – auch wenn es für den praktischen Erzieher und für den Lehrer handlich und nützlich erschien – zu einfach und weder anthropologisch noch teleologisch haltbar, denn es führte Pädagogik und Erziehung notwendig in die Heteronomie und verunstaltete den menschlichen Bildungsvorgang zu einer technisch zu bewerkstelligenden Herstellung an einem beliebig verfügbaren Material. Demgegenüber ging der tief religiöse Schleiermacher von der personalen Selbständigkeit des schöpferisch geschaffenen Menschen aus, der seine Bildung selber zu leisten hat, indem er sein Personsein aktuiert und sein Handeln mit wachem Bewußtsein und in freier sittlicher Entscheidung unter die regulative Idee des höchsten Gutes stellt.

Das Personsein kann dem Menschen ebensowenig „anerzogen" werden, wie man ihm ein Gewissen und einen freien Willen anzusinnen vermag. Zur Freiheit kann der Mensch nicht gezwungen, das Fürwahrhalten kann ihm nicht mitgeteilt, und das Fürwerthalten kann ihm nicht eingepflanzt werden. Nicht einmal das Wissen kann man ihm restlos andemonstrieren, denn vieles von dem, was der Mensch zu wissen meint, kann er nur glauben. Das lehrte bekanntlich schon der heilige Augustinus.[47]

An dieser Stelle schließt sich unser Gedankenkreis und mündet in eine Antwort auf die Themenfrage des Symposiums. Schleiermachers Reden über die Religion an die Gebildeten unter ihren Verächtern erweisen sich von einer verblüffenden Aktualität, indem sie erstens das Problem von Religion und Bildung nicht durch ein hierarchisches, nicht durch ein analogisches und nicht durch ein konfliktuales Modell lösen wollen, sondern durch ein *dialogisches,* und indem sie zweitens den Ausgangspunkt der Lösung nicht bei einer zur Konfession verfestigten Religion, nicht bei einer bestimmten theologischen Doktrin und nicht bei einer zur Erziehungsanstalt hochstilisierten Kirche suchen, sondern dort, wo Religion *und* Bildung ihren Ursprung haben: bei der menschlichen *Person* selbst. Am Ende der ersten von Schleiermachers Reden heißt es über die Religion: „Daß sie aus dem Inneren jeder beßern Seele nothwendig von selbst entspringt, daß ihr eine eigne Provinz im Gemüthe angehört, in welcher sie unumschränkt herrscht, daß sie es würdig ist durch ihre innerste Kraft die Edelsten und Vortreflichsten zu bewegen, und von ihnen ihrem innersten Wesen nach gekannt zu werden; das ist es was ich behaupte, und was ich ihr gern sichern möchte, und Euch liegt es nun ob, zu entscheiden, ob es der Mühe werth sein wird, mich zu hören, ehe Ihr Euch in Eurer Verachtung noch mehr befestigt".[48]

Wenn wir nicht die ganze abendländische Geistesgeschichte über Bord werfen wollen, müssen wir das Bildungsproblem des (abendländischen) Menschen darin sehen, daß dieser eine stimmige Antwort auf die Frage nach seinem Verhältnis zu sich selbst, zu den anderen und zum Absoluten findet. Sein Verhältnis zum Absoluten zu kappen hieße sein Personsein beschneiden und seiner Bildung Abbruch tun. Braucht also die Bildung Religion? Ja, sie braucht sie, und zwar aufgrund der Seinsverfassung des Menschen. Braucht die Religion Bildung? Ja, sie braucht sie, und zwar um ihrer selbst willen. Dann nämlich, wenn es ihr nicht nur um Proselytenmacherei und Anhängerschaft zu tun ist, sondern um die Weltgestaltung gemäß eines göttlichen Auftrages, der sich an den Menschen als das schöpferische Ebenbild eines Schöpfergottes richtet.

Anmerkungen

1 Friedrich Daniel Ernst Schleiermacher: Über die Religion. Reden an die Gebildeten unter ihren Verächtern (1799), in: Kritische Gesamtausgabe, I. Abt., Bd. 2: Schriften aus der Berliner Zeit 1796–1799, hrsg. von Günter Meckenstock, Berlin–New York 1984, S. 185–326. Diese Kritische Gesamtausgabe wird im folgenden zitiert als KGA mit römischer Band- und arabischer Seitenzahlangabe.
2 Vgl. dazu Gunter Scholtz: Die Philosophie Schleiermachers, Darmstadt 1984, bes. S. 78 ff.

3 Siehe dazu Friedrich Daniel Ernst Schleiermacher, mit Selbstzeugnissen und Bilddokumenten dargestellt von Friedrich Wilhelm Kantzenbach, Reinbek (rororo-Bildmonographie) 1967, bes. S. 13 ff.
4 Vgl. die Historische Einführung des Bandherausgebers in KGA, I,2; S. LXII.
5 KGA I,2; S. LXIV f.
6 Siehe dazu Albert Reble: Schleiermacher und das Problem einer Grundlegung der Pädagogik, in: Bildung und Erziehung, 4 (1951), S. 801–815. Fürderhin Wolfgang Sünkel: Friedrich Schleiermachers Begründung der Pädagogik als Wissenschaft, Ratingen 1964; Johannes Schurr: Schleiermachers Theorie der Erziehung, Düsseldorf 1975.
7 KGA I,2, S. 189.
8 Ebd., S. 191.
9 Ebd., S. 207.
10 Ebd., S. 208 f.
11 Ebd., S. 212.
12 Ebd., S. 223.
13 Der Leser bemerkt an diesen Benennungen, daß wir uns in diesem Text auf den Umkreis der christlichen Religion beschränken und auch den Zeitraum erheblich eingrenzen.
14 Vgl. zu dieser Frage und auch zu den im folgenden zu erörternden „Modellen" vor allem Hans Schilling: Grundlagen der Religionspädagogik. Zum Verhältnis von Theologie und Erziehungswissenschaft, Düsseldorf 1970; neuerdings Giuseppe Groppo: Teologia e scienza dell'educazione. Dalla conflittualità al dialogo, Brescia (Convegno di Scholé) 1989.
15 Hans Schilling: A.a.O., S. 159; Giuseppe Groppo: A.a.O., S. 6 ff.
16 Linus Bopp: Theologie und Pädagogik, in: Lexikon der Pädagogik der Gegenwart, Bd. II, Freiburg 1932, Sp. 1101.
17 Hubert Henz: Lehrbuch der systematischen Pädagogik, 1. Aufl., Freiburg 1964, S. 423.
18 Vgl. dazu Romano Guardini: Grundlegung der Bildungslehre, Würzburg 1928 u. ö.; siehe dazu neuerdings Eugen Biser, Winfried Böhm u. a.: Romano Guardini e la visione cristiana del mondo, Padova 1989.
19 Siehe dazu u. a. Clemens Menze: Die Wissenschaft von der

Erziehung in Deutschland, in: Problemgeschichte der neueren Pädagogik I, hrsg. v. Josef Speck, Stuttgart 1976, S. 9–107; Winfried Böhm: Proposta per una pedagogia come scienza, in: Il dibattito pedagogico in Germania 1945–1975, hrsg. v. Winfried Böhm und G. Flores d'Arcais, Brescia 1978, S. 309–327.
20 Vgl. dazu Klemens von Alexandrien: Ausgewählte Schriften zur Pädagogik, besorgt von Heinrich Kanz, Paderborn 1966.
21 Vgl. dazu die grundlegende Arbeit von Cesare Bissoli: Bibbia e educazione, Roma 1981.
22 Regensburg ²1923, S. 79.
23 Franz Xaver Eggersdorfer: Erziehung, in: Lexikon der Pädagogik der Gegenwart, Bd. 1, Freiburg 1930, S. 673.
24 Franz Pöggeler: Erziehung aus dem Glauben, o. O. (Rottenburg) 1955, S. 14.
25 Hubert Henz: A. a. O., S. 9. Vgl. dazu ausführlich auch Hubert Henz: Anthropologische Grundlegungen in der katholischen Pädagogik des 19. und 20. Jahrhunderts, Phil. Diss. (Masch.Schr.) Würzburg 1952.
26 Vgl. dazu u. a. Hans Schilling: Bildung als Gottesbildlichkeit. Eine motivgeschichtliche Studie zum Bildungsbegriff, Freiburg i. Br. 1961.
27 Vgl. dazu neben vielen Winfried Böhm: Theorie der Bildung, in: Nicht Vielwissen sättigt die Seele, hrsg. von Winfried Böhm und Martin Lindauer, Stuttgart 1988, S. 25–48. Ders.: Bildsamkeit und Bildung, in: Vierteljahrsschrift für wissenschaftliche Pädagogik, 64 (1988), S. 395–415.
28 Vgl. dazu Winfried Böhm: Theorie und Praxis. Eine Erörterung des pädagogischen Grundproblems, Würzburg 1985, bes. S. 63 ff.
29 Siehe dazu Albert Reble: Menschenbild und Pädagogik, in: Die Deutsche Schule, 51 (1959), S. 49–66.
30 Siehe dazu Hans Schilling: A. a. O., S. 186, Anm. 90.
31 Beide „Traditionen" werden charakterisiert und aufeinander zugeführt in den folgenden Schriften des Verfassers: Winfried Böhm: Was heißt „christlich erziehen?", in: Winfried Böhm, Gisbert Greshake, Walter Friedberger: Wer ist der Mensch?, Freiburg i. Br. 1983; Winfried Böhm: La educación de la persona, Buenos Aires 1982; Winfried

Böhm: Antropologia y Educación, Córdoba 1983; Winfried Böhm: Educazione cristiana e non cattolica o educazione cattolica e non cristiana?, in: L'educazione cristiana oggi, Brescia 1985; Winfried Böhm: Christianity, Cultural Politics and Education in Germany, in: Christianity and Educational Provision in International Perspective, ed. by Witold Tulasiewicz and Colin Brock, London–New York 1988, pp. 170–191; Winfried Böhm: Über das geistige Erbe Romano Guardinis, in: Communio Sanctorum. Festschrift für Bischof Paul-Werner Scheele, hrsg. von Josef Schreiner und Klaus Wittstadt, Würzburg 1988, S. 610–623; Winfried Böhm: La importancia de la antropología in-sistencial para la educación de la persona, in: III. Coloquio Internacional „Filosofia y Cultura", Buenos Aires 1988.

32 Nikolaus von Kusa: Über den Beryll, neu hrsg. von Karl Bormann, Hamburg ³1987, Kap. 6, S. 9.

33 Um diesen Wandel innerhalb des katholischen Denkens wenigstens anzudeuten, sei auf die Schriften etwa Mouniers, Maritains, Guardinis, Wojtylas u. a. hingewiesen. Bedeutend waren auch Enrico Castelli u. a.: Esistenzialismo cristiano, Padova 1949 sowie die Festschrift für Paul VI.: Educazione e società nel mondo contemporaneo, Brescia 1965.

34 Siehe dazu Karl Rahner: Zur Geschichtlichkeit der Theologie, in: Schriften zur Theologie, Bd. 8, Einsiedeln 1967, Zitat auf S. 98.

35 Gerhard Bohne: Grundlagen der Erziehung. Die Pädagogik in der Verantwortung vor Gott. 1. Bd.: Die Wahrheit vom Menschen und die Erziehung, Hamburg 1951, ²1958; 2. Bd.: Aufgabe und Weg der Erziehung, Hamburg 1953, ²1960. Helmuth Kittel: Schule unter dem Evangelium. Zum Problem der Konfessionalität, Braunschweig 1949.

36 Oskar Hammelsbeck: Evangelische Lehre von der Erziehung, München 1950, ²1958.

37 Hans Schilling: A. a. O., S. 118.

38 Martin Stallmann: Christentum und Schule, Stuttgart 1958, S. 125. Vgl. dazu auch Klaus Kürzdörfer: Il problema dell'interdisciplinarità della pedagogia discusso nel rapporto tra teologia e pedagogia, in: Rassegna di Pedagogia/Pädagogische Umschau, 36 (1978), S. 140–142; Giu-

seppe Groppo: Pedagogia e teologia, in: ebd., S. 120–132; Daniela Silvestri: Pedagogia e teologia; in: ebd., S. 133–139. Zur Problematik des Religionsunterrichts zusammenfassend Wilna A. J. Meijer: Religiöse Sozialisation und Religionsunterricht, in: Rassegna di Pedagogia/Pädagogische Umschau, 47 (1989), S. 27–39.

39 Gustavo Gutiérrez: Teología de la liberación. Perspectivas, Salamanca 1972, S. 38; Zitat zu deutsch: „kritische Reflexion der historischen Praxis im Lichte des Wortes".

40 Ders.: Evangelio y praxis de liberación, in: Fe cristiana y cambio social en America Latina, Salamanca 1973, S. 244.

41 Juan Carlos Scannone: Teología de la liberación y doctrina social de la iglesia, Madrid–Buenos Aires 1987, S. 26.

42 Ebd., S. 86.

43 Vgl. dazu Marian Heitger: Pädagogik als Wissenschaft und ihre gesellschaftliche Verantwortung, in: Vierteljahrsschrift für wissenschaftliche Pädagogik, 44 (1968), S. 188.

44 Vgl. dazu neuerdings G. Flores d'Arcais: Le „ragioni" per una teoria personalistica della educazione, Brescia 1987. Das Buch erscheint demnächst in einer von mir besorgten deutschen Übersetzung im Verlag Klett-Cotta, Stuttgart. Zu der uns hier beschäftigenden Frage nach Religion und Bildung hat G. Flores d'Arcais grundsätzlich Stellung genommen in seinem Beitrag: La pedagogia cristiana. Atti del l°Convegno di Scholé, Brescia 1954, S. 195–204.

45 Vgl. dazu in aller Breite Rudolph Berlinger: Die Weltnatur des Menschen. Morphopoietische Metaphysik, Würzburg 1988. Daneben wären vor allem auch zu Rate zu ziehen Emmanuel Mounier: Traité du caractère, Paris 1947, ²1961; Ismaël Quiles: La persona humana, Buenos Aires 1941; ⁴1980, Karol Wojtyla: Person und Tat, dt. Freiburg i. Br. 1981; Persona e personalismi, hrsg. v. Antonio Pavan und Andrea Milano, Napoli 1987.

46 Vgl. dazu Winfried Böhm: Il concetto di pedagogia nella cultura tedesca, in: Ders. (Hrsg.): Il concetto di pedagogia ed educazione nelle diverse aree culturali, Pisa 1988, S. 109–118.

47 Siehe dazu Aurelius Augustinus: Der Lehrer (De magistro), dt. hrsg. v. Carl Johann Perl, Paderborn 1958.

48 KGA, I,2, S. 204 f.

Susanne *Heine*

Denkende Aneignung oder: Was zu tun wäre, damit die Gebildeten die Religion nicht verachten[1]

Wie aus meiner Themenformulierung zu entnehmen ist, habe ich, ebenso wie Winfried Böhm, eine Anspielung an ein Buch von Friedrich Schleiermacher gewählt, das den Titel trägt: „Reden über die Religion an die Gebildeten unter ihren Verächtern". Das ist kein Zufall angesichts des Gesamtthemas dieses Symposions, denn Schleiermacher ging von einem Grundproblem seiner Tage aus, das für unsere Zeit immer noch Bedeutung hat: das kontinuierliche Auseinandertreten von Kirche und Religiosität, wie immer auch ungeklärt geblieben ist, was unter letzterer zu verstehen sei. Ich werde in meinem Beitrag auf Schleiermacher zwar nicht unmittelbar darauf eingehen, aber unter anderem auf dieses Problem zurückkommen.

Das Thema dieses Symposions hat mich sehr angesprochen, weil es auf das Bezug nimmt, was mir in meiner Arbeit als Religionspädagogin am wichtigsten ist: die hermeneutisch-didaktische Fragestellung. Ich sehe mich daher vor einer solchen Fülle von Inhalten und Problemen, daß ich fürchte, mich entweder einer Überschreitung des Zeitrahmens schuldig zu machen oder auf eine sehr formale Begrifflichkeit zurückzugreifen, was dem Zuhören nicht dienlich wäre. Deshalb möchte ich mit Fallbeispielen aus meiner eigenen Lehrpraxis an der Universität beginnen und diese dann im Hinblick auf das, was mir daran paradigmatisch erscheint, interpretieren. Bevor ich damit beginne, schicke ich jedoch meine These voraus:

Was uns heute fehlt, ist eine Kultur des Denkens. Andersherum gesagt: Wir leben in einer Unkultur des

Denkens und das heißt, daß auch die Bildungsinstitutionen nicht imstande sind, denken zu lehren.
Es bedürfte also einer Kultur des Denkens, die die im Menschen anthropologisch grundgelegte Denkkapazität aktiviert, nicht nur den Verstand, sondern auch die Vernunft, und die Beziehung zu den in unserem Kulturkreis wirksamen Denktraditionen bewußt macht.
Diese beiden Voraussetzungen sehe ich als Bedingungen dafür, daß wir heute überhaupt noch einen Zugang zu Glaube und Theologie, also zur Glaubenspraxis und zur Reflexion über den Glauben in der Theologie finden können.
Diese Bedingungen zu verwirklichen scheint mir außerordentlich schwierig. Ich möchte Ihnen im folgenden einige dieser Schwierigkeiten aufzeigen, auch einige Lösungsversuche, aber ich sage Ihnen schon jetzt: Ich werde mit einer offenen Frage enden, nämlich mit der Frage, wie dies alles nun schulpolitisch zu verwirklichen wäre. Ich sehe dazu derzeit nicht sehr viele Möglichkeiten, denn das, worum es mir in erster Linie geht, ist über schulpolitische Maßnahmen kaum zu erreichen, sondern richtet sich vielmehr an die Adresse der Lehrer und Lehrerinnen an Schule und Universität.

Ich habe meinen Beitrag in drei Kapitel eingeteilt:
I. Was verstehen wir heute unter „Denken"?
II. Das vage Gefühl des Ungenügens
III. Konsequenzen für das Thema „Bildung und Religion"

I. Was verstehen wir heute unter „Denken"?

An zwei Fallbeispielen sei die These von der mangelnden Denkkultur nun erläutert. Beide Fälle ereigneten sich in meinem schulpraktischen Seminar an der Evangelisch-theologischen Fakultät, in dem die Studierenden ihre Lehrauftritte an der Schule vorbereiten und ausarbeiten. In einer der Seminarsitzungen erzählte eine Praktikantin, die Theologie und Germanistik studiert, sie habe bereits einen ersten Lehrauftritt im Rahmen des Schulpraktikums für Germanistik gehalten. Ihr wurde der Auftrag gegeben, eine Unterrichtsstunde zum Thema: „William Shakespeare und seine Zeit" zu halten, um den Schülern ein „Grundwissen" zu diesem Thema zu vermitteln – in 50 Minuten.

Sie sei an diese Stunde herangegangen, so gestand sie selbst, ohne allzu viel zum Thema zu wissen, habe daher einige Lexika gewälzt, Literatur zusammengesucht und, nachdem sie in der Fülle des Materials fast untergegangen wäre, versucht, diese Fülle wiederum auf kleine Portionen zu reduzieren. Sie entschloß sich dann, den Kindern etwas zum Lebenslauf William Shakespeares zu erzählen, etwas zur Geschichte seiner Zeit und schließlich etwas zum damaligen Theater.

Nach etwa zehn Minuten ihres Vortrags habe sie bemerkt, daß niemand von den Schülern und Schülerinnen ihr mehr zuhörte. Am Ende der Stunde, aus einem tiefen Gefühl des Ungenügens heraus, wandte sie sich dann an ihre Betreuungslehrerin mit der Frage, was denn schiefgelaufen sei. Diese habe sich über die Frage gewundert und geantwortet, das sei doch eine sehr gute und informative Stunde gewesen; die Praktikantin solle sich nicht kränken über die Unaufmerksamkeit der Kinder, denn das sei eine „Schülerkrankheit".

Die Praktikantin hatte den Kindern Informationen geliefert, ihnen gesagt, „was ist": wann William Shakespeare geboren wurde, wann er starb, was er tat und schrieb. Zum Schluß hatte sie etwas über das damalige Theater gebracht, wie sich der Theaterbesuch gestaltete, daß die Besucher ihre Kinder und Tiere mitbrachten, dort ihre Jause verzehrten usw. Ein einziger Schüler, offensichtlich wohlerzogen und daher aufmerksam, mußte über diese uns heute fremde Art des Theaterbesuches lachen. Das erregte die Aufmerksamkeit der übrigen, und diese begannen zu fragen, was denn los sei. So bekam unsere Praktikantin wenigstens ganz zum Schluß noch ein wenig Zuwendung, was sie nicht sehr tröstete und ihr das Gefühl des Ungenügens nicht nehmen konnte, so gestand sie.

Der zweite Fall ereignete sich ebenfalls in einem Begleitseminar zum Schulpraktikum. Hier ging es aber um ein anderes Thema, um ein Thema der Theologie. Der Praktikant hatte von seinem Betreuungslehrer den Auftrag bekommen, eine Unterrichtsstunde über „Karfreitag und das Kreuz" zu halten. Bei der Vorbereitung führte er aus, wie er die Stunde aufbauen wolle, und formulierte als Ziel, die Schüler sollten erkennen, daß Gott seinen Sohn ans Kreuz geschickt habe, um Sühne für unsere Sünden zu schaffen.

Diese Zielformulierung provozierte in der Studentengruppe eine heftige Diskussion. Die meisten meinten, so könne man das heute nicht mehr sagen, denn die Kreuzigung Jesu sei ein Unrecht gewesen und die Aussage, Gott hätte absichtlich ein solches Unrecht herbeigeführt, impliziere ein falsches Gottesverständnis. Hinter der Sühnevorstellung stünde ein ungerechter und unmenschlicher Gott, aber die pädagogische Verantwortung würde nahelegen, zu den Kindern vom barmherzigen Gott zu sprechen.

Die Antwort des Praktikanten, und darauf will ich nun hinaus, war charakteristisch. Er entgegnete: Aber „das ist" doch so, daß Gott seinen Sohn ans Kreuz geschickt hat um der Sühne willen; das steht doch im Neuen Testament. Die anderen beharrten: „Das ist" aber nicht so, Gott würde nicht vorsätzlich einen Unschuldigen opfern wollen. Damit war das Gespräch in einer Pattstellung gelandet.

Die Frage, die sich aus beiden Fällen ergibt, lautet: Was heißt hier „ist"? Bei genauerem Hinsehen bezieht sich

die Wendung „es ist so" auf unterschiedliche Wirklichkeitsebenen. Im einen Fall geht es um die Wahrheit des Faktischen: Geburtsdatum und Todesdatum William Shakespeares sind, soweit wir es historisch fassen können, ein Faktum. Im anderen Fall geht es um die Wahrheit des Sinns bzw. einer Sinnaussage, genauer: eines Glaubenssinns: der Tod als Sühne.
Nun haben diejenigen, die diese theologische Sinnaussage zurückwiesen, indem sie meinten, die Kreuzigung Jesu sei ein Unrecht, auch etwas Richtiges gesehen, das allerdings wieder eine Wahrheit des Faktischen darstellt. Denn historisch und sozialpolitisch betrachtet läßt sich die Kreuzigung Jesu in der Tat als ein Unrecht verstehen. Beide „Parteien" argumentierten also auf verschiedenen Aussageebenen, einer historischen und einer theologischen. Nun ist es ja bekanntlich so, daß wir die Fakten zur Kenntnis nehmen müssen, sofern sie ausreichend belegt sind, während über Sinnaussagen, hermeneutisch gesehen, nur von Person zu Person, von Überzeugung zu Überzeugung kommuniziert werden kann. Einen Sinn als Faktum zu betrachten ist nur und bestenfalls so möglich, daß wir sagen: Faktisch verstehen manche Verfasser des Neuen Testaments den Tod Jesu als Sühne für unsere Sünden. In dem Moment, wo wir aber vor der Frage der Aneignung dieses Sinnes stehen, ist die Ebene des Faktischen nicht mehr ausreichend, sondern geht es um einen Kommunikationsprozeß, der unsere Überzeugungen berührt, mit anderen Worten: unseren Motivationshorizont, aus dem sich unsere Handlungen speisen[2].
In dem einen Falle, nämlich in der Stunde über William Shakespeare, wurden die realen Fakten zur Kenntnis gebracht, zumindest hat die Praktikantin das versucht. Im anderen Falle wurde eine Sinnaussage des Glaubens behandelt, als wäre sie ein reales Faktum. Wie gesagt, die einzige Möglichkeit, eine Sinnaussage auf die Faktenebene zu bringen, besteht darin, sie als Sinnaussage

eines bestimmten Menschen zu begreifen. Dieses Vorgehen hält uns jedoch entweder in Distanz oder führt in den Biblizismus: Weil etwas „faktisch" im Neuen Testament steht und das Neue Testament kirchliche Autorität beansprucht, müssen wir den Inhalt der Aussagen als „richtig" anerkennen.

Im einen Fall – William Shakespeare – war die faktenorientierte Aussageform dem Ziel zu informieren wenigstens angemessen, aber es fehlte jede didaktische Überlegung, welchem Sinn diese Informationen dienen sollten. Im anderen Fall wurde unangemessenerweise eine Sinnaussage von beiden Diskussionsparteien auf unterschiedlichem Wege auf die Ebene des Faktischen gebracht und damit ihrer Chance, motivierende Erkenntnis zu bewirken, beraubt.

Darin äußert sich nun, und deswegen die beiden Fallbeispiele, eine Grundschwierigkeit unserer Tage: Wir besitzen in bezug auf die verschiedenen Wirklichkeits- und Aussageebenen kaum ein Unterscheidungsvermögen. Unser Denken ist zuwenig differenziert, uns fehlt eine Kultur, eine Kultivierung des Denkens. Unser Denken ist in reduzierter Weise fakten- und das heißt verstandesorientiert.

Dort, wo Fakten als Informationen weitergegeben werden, liegen Inhalt und Vermittlungsform wenigstens auf derselben Ebene, wenn wir davon absehen, daß so die wichtige Frage der Didaktik ausgeklammert bleibt. Dort jedoch, wo Sinnaussagen auf die Aussageebene des Faktischen gebracht werden, geschieht, zusammenfassend gesagt, folgendes:

– Der Sinn bzw. die Sinnaussagen des Glaubens werden historisiert, was zu einer biblizistischen Haltung führt; das entspricht dem Denkmodell des Fundamentalismus, der sich durch die Identifikation von Glaubenswahrheit und historischer Faktizität auszeichnet[3].

– Die Sinnaussage, als Information weitergegeben, wird

zur bloßen Behauptung, die im Gegensatz zu den beweisbaren Fakten keine Zustimmung abnötigt; wer einer solchen Behauptung Gehör verschaffen will, muß daher notwendigerweise zu irgendeiner Form des äußeren Drucks greifen, und das heißt, Sinnaussagen als Behauptung provozieren eine autoritäre Vermittlungsform; wenn aber keine Kommunikation von Person zu Person stattfindet, wird die Sinnaussage für den eigenen Motivationshorizont nicht aneigenbar.
– Auf die Faktenebene reduzierte Sinnaussagen erweisen sich als beliebig und austauschbar oder aber als widersprüchlich; es lassen sich dann keine Kriterien dafür finden, zu entscheiden, welcher Satz „wahr" sei: der Satz „Das Kreuz ist Sühne für unsere Sünden" oder der Satz „Das Kreuz ist Unrecht". Beide Sätze machen zutreffende Aussagen, allerdings auf verschiedenen Ebenen. Wird die Ebenendifferenz nicht bedacht, dann folgt daraus ein unlösbarer Widerspruch, der in der Diskussion zu der geschilderten Pattstellung führen muß; so betrachtet, bieten auch die Schriften des Alten und Neuen Testaments dann nichts als Widersprüche.
Wenn heute von Denken, Kognitivität, Wissenschaft etc. die Rede ist, dann wird damit durchwegs ein Denken in den Kategorien des Faktischen, des Exakten, also des Verstandes assoziiert. Dies entspricht auch meiner Erfahrung quer durch alle Bildungsebenen, von der Universität über die Erwachsenenbildung bis hin zur Schule. Diese reduzierte Sichtweise ist ohne Zweifel dominant, aber nicht nur das. Es erweist sich als unglaublich schwierig, auch solchen Menschen gegenüber, die an dieser Art des Denkens Kritik üben, das Denken selbst zum Thema des Nachdenkens zu machen. Denn trotz aller Kritik bleibt die Identifikation von Denken bzw. Wissenschaft mit reduzierter Faktenorientierung aufrecht und wird das Nachdenken über das Denken als Abheben auf eine noch größere Abstraktionsebene empfunden und noch vehementer abgelehnt.

Auch dazu ein kleines Beispiel aus meinem schulpraktischen Seminar. Um einen Anstoß zur Reflexion über ein reduziertes Wissenschaftsverständnis zu geben, habe ich den Studierenden zwei kurze Texte vorgelegt: einen kleinen Lexikonartikel über die Anachoreten, die Wüstenväter des 4. Jahrhunderts in Ägypten, dazu einen zweiten Text von dem Historiker Peter Brown[4], der versucht, die Handlungsmotive dieser Menschen und den darin liegenden Sinn verstehend zu interpretieren. Während der Lexikonartikel die bloßen Fakten auflistet, aber über die Motivation der Personen nichts aussagt, bemüht sich der Historiker um Sinnverstehen. Dabei wäre durchaus noch zu fragen gewesen, ob die Interpretation Peter Browns zutrifft oder nicht, und genau zur Diskussion dieser Frage wollte ich die Studierenden hinführen. Dazu ist es jedoch zunächst nicht gekommen, denn die Studentengruppe war fast einhellig der Meinung, nur der Lexikonartikel sei wirklich wissenschaftlich, die Sinnauslegung Peter Browns dagegen an bloßen Vermutungen orientiert. Da es an der Universität um Wissenschaft gehen müsse, so hieß es, sei der Text von Peter Brown irrelevant. Auf meine Rückfrage, ob sie denn verstehen könnten, warum Menschen in die Wüste gehen, ob sie sich vorstellen könnten, dasselbe oder etwas Ähnliches zu tun, kam die Antwort, solche „rein subjektiven" Einschätzungen lägen jenseits einer wissenschaftlichen Fragestellung und hätten daher an der Universität keinen Platz. Daß derlei „unwissenschaftliche" Fragen eminent bedeutsam und der Reflexion durchaus zugänglich sind, wird unseren Studierenden oft erst sehr spät, manchen erst nach Abschluß des Studiums bewußt, wenn Predigt und Unterricht sie zu dieser Art des Nachdenkens herausfordern. Dann geht es in der Tat nicht um irgendeine subjektive Meinung zu den Glaubensaussagen der Tradition, sondern darum, den tradierten Sinn in seinem Selbstverständnis zu erfassen als Voraussetzung für das eigene Urteil. Und dazu be-

darf es der wissenschaftlich-hermeneutischen Reflexion.
Zum Denken auf der Faktenebene gehört noch ein weiteres charakteristisches Moment, nämlich das Denken in kausallogischen Zusammenhängen. Ein nächstes Beispiel: Auf einer einige Jahre zurückliegenden Fortbildungstagung für Religionslehrer an höheren Schulen ging es um die Frage, ob das Christentum lebensfeindlich und neurotisierend sei oder lebensfreundlich und der Persönlichkeitsentwicklung förderlich. Wie zu erwarten, spalteten sich die Teilnehmer in zwei Lager. Unter Berufung auf entsprechende Literatur, wie z. B. Tilmann Mosers „Gottesvergiftung"[5], betonten die einen, christliche Sozialisation könne nur schädigen. Die anderen versteiften sich auf das Gegenteil und vertraten die Überzeugung, christliche Sozialisation würde die Bewältigung von Krisen besser gewährleisten; auch diese konnten auf Beispiele in der Literatur verweisen, wie etwa Martin Greiffenhagens „Pfarrerskinder".[6] Beide Gruppen argumentierten kausallogisch und d. h.: Wie die eine Gruppe aus der empirischen Tatsache neurotischer Störungen durch christliche Sozialisation – mit Notwendigkeit – auf die Lebensfeindlichkeit des Christentums schloß, so folgerte die andere aus der empirischen Tatsache, daß Menschen sagen, ihre christliche Sozialisation habe ihnen geholfen, das Christentum sei lebensförderlich. Die Kausallogik bewegt sich in der Folgerung wenn – dann, wenn christliche Sozialisation – dann Neurose; oder: wenn christliche Sozialisation – dann Heil- und Ganzwerden.
So kam es denn auf dieser Tagung zwischen den beiden Gruppen zur charakteristischen Pattstellung bzw. zu gegenseitigen Unterstellungen, indem die Gruppen einander vorwarfen, selbst neurotisch zu sein. Daß dies keine der Problemstellung angemessene Lösung erbrachte, muß nicht betont werden.
Das sind unsere Probleme, die wir mit diesem eingeschränkten Verständnis von Denken und Wissenschaft

haben. Was fehlt? Ich komme noch einmal auf das Beispiel jener Praktikantin zurück, die sich bemühte, ihren Schülern und Schülerinnen etwas von William Shakespeare zu erzählen. Was sie nicht bedacht hatte, weil sie vermutlich auch nicht dazu hingeführt wurde, ist die hermeneutische Fragestellung oder, um in pädagogischer Begrifflichkeit zu sprechen, die Didaktik als Frage nach der Relevanz der Bildungsinhalte. Dadurch konnte sie mit ihrer Unterrichtsstunde von vornherein keinen Zugang zum Sinn- und Motivationshorizont ihrer Kinder finden.

Hätte sie sich der didaktischen Frage gestellt, dann wäre ihr deutlich geworden, daß diese, noch bevor es um Schüler und Schülerinnen geht, eine Frage an sie selbst ist, ob sie nämlich das, was sie vermitteln will, selbst erkannt und angeeignet hat. Sie wäre dadurch in eine ganz andere Dimension des Nachdenkens gekommen, und die Lexikonartikel hätten nicht mehr ausgereicht, ihr Fragen wie diese zu beantworten: Was ist an William Shakespeare bedeutsam? Welche Probleme hatte er und wie versuchte er sie zu lösen? Wie kam er dazu, Theaterstücke zu schreiben, und was wollte er mit diesen sagen? Wer sich solchen Fragen nicht stellt, wird immer, wie unsere Praktikantin, Gefahr laufen, in der Fülle der Fakten unterzugehen, und diese Fakten auch nur dann rezipieren, wenn eine äußere Situation, die zu den Inhalten in keinerlei Beziehung steht, dazu nötigt. Für die Praktikantin kam der äußere Druck durch die Notwendigkeit, im Rahmen des Schulpraktikums eine Stunde zu halten. Das kann Anlaß für die didaktische Sinnfrage sein, diese jedoch nicht ersetzen.

Fazit dieses ersten Kapitels: Das Problem, mit dem alle bildungstheoretisch orientierten Ansätze in der Pädagogik und Religionspädagogik heute zu kämpfen haben, ist ein verstandesorientiertes Denken, das nicht zur Vernunft kommt und das sich darin äußert,

– daß in der Vermittlung lexikalische Faktenaussagen dominieren,
– daß ein den Inhalten inhärenter Sinn nicht gesucht und daher auch nicht gefunden wird,
– daß eindeutig sinnorientierte Aussagen auf die Faktenebene reduziert werden,
– daß Sinn- oder Sinnlosigkeitserfahrungen als durch kausallogische Ableitung aus sozialen und psychischen Bedingungen determiniert auftreten,
– daß dadurch Sinnaussagen nicht mehr kommunikabel sein können bzw. sich in die Beliebigkeit von subjektiven Meinungen verlieren,
– daß daher auch konkrete Glaubensaussagen als unglaubwürdig oder als willkürliche Phantasiegebilde angesehen werden,
– daß das menschliche sinndeutende Subjekt als Person aus dem Blick gerät, was folgerichtig Gefühle der Leere und Bedeutungslosigkeit hinterläßt.

II. Das vage Gefühl des Ungenügens

Zunächst sei wieder eine These vorausgeschickt: Trotz dieser sehr dominanten Verstandesorientierung in unserem Denken läßt sich unsere Sinn- und Vernunftorientierung nicht verleugnen, da diese zur conditio humana gehört. Die Vernunfttätigkeit bleibt also lebendig, findet aber, da sie nicht kultiviert wird, oft merkwürdige Wege, sich zu Wort zu melden. Diese merkwürdigen Wege sollten wir nicht geringachten, sondern als positive Signale werten.
Um das vage Gefühl des Ungenügens näher zu kennzeichnen, greife ich noch einmal auf die Fallbeispiele vom Anfang zurück. Den beiden Praktikanten ist sehr wohl zu Bewußtsein gekommen, daß ihnen die Stunden nicht gelungen sind, aber sie wußten nicht warum. Sie haben zunächst selbst versucht, sich ein Urteil darüber

zu bilden, und das charakteristische Ergebnis lautete, die Unterrichtsmethodik sei nicht durchdacht und abwechslungsreich genug gewesen. Sie überlegten sodann, ob nicht ein Planspiel die Unterrichtsstunde verbessert hätte, ob es nicht sinnvoll gewesen wäre, einen Film zu zeigen oder ein Tafelbild auszuarbeiten. Aber dieser achtenswerte selbstkritische Weg führte in die falsche Richtung. Es ist der Versuch, den Mangel des Denkens auf der Vernunftebene durch eine Methodik zu ersetzen, die dem Inhalt von außen zukommt, um ihm Attraktivität zu verleihen. Beharrlich wird damit die Frage umgangen, warum denn dieser oder jener Inhalt bedeutsam sei.

Es ist für mich immer wieder erstaunlich zu sehen, wie lange in die Geschichte zurück sich Problemstellungen verfolgen lassen, die uns heute noch oder heute noch mehr beschäftigen. Der Weg, Vernunftreflexionen durch Methodenüberlegungen zu ersetzen, ist z. B. Gegenstand der durch Platon überlieferten Sokratischen Dialoge mit den Sophisten. So betont etwa der Sophist Protagoras, daß seine Redekunst als Methodik dazu angetan sei, einen Menschen von einem Tag auf den anderen besser zu machen. Er sagt: „... es wird dir also geschehen, wenn du dich zu mir hältst, daß du schon an dem ersten Tage, den du bei mir zubringst, besser geworden nach Hause gehen wirst, und an dem folgenden ebenfalls, und so alle Tage zum Besseren fortschreitest."[7] Besser worin, fragt Sokrates zurück, besser in der Malerei, besser im Flötenspielen, besser als Schiffsbauer? Damit spielt Sokrates auf den Unterschied zwischen Kunstfertigkeit und Tugend an. Tugend sei jedoch nicht lehrbar wie das Flötenspielen, sondern müsse vom Menschen aus sich heraus in Freiheit und Eigenständigkeit durch Erkenntnis gewonnen werden. Im Dialog mit dem Sophisten Gorgias kommt die Differenz zwischen Vernunfterkenntnis als Vermittlungsweg und methodisch-rhetorischer Geschicklichkeit noch deutlicher

zum Ausdruck. „Vermögend ist freilich der Redner", sagte Gorgias, „gegen alle und über alles so zu reden, daß er den meisten Glauben findet beim Volk, um es kurz heraus zu sagen, worüber er nur will."⁸ Hartnäckig fragt Sokrates auch hier nach dem Sinn der Inhalte zurück, während sich die Sophisten darauf beschränken, die Vermittlung effektiv und optimal zu gestalten, ohne sich der Frage nach dem Sinn der Inhalte und damit auch nach der Auswahl der Inhalte zu stellen.
Zurück zum Schulpraktikum. Auch hier wurden die Inhalte unbefragt vorausgesetzt und lediglich die Methoden der Vermittlung bedacht. Während die Sophisten offenbar nicht vom vagen Gefühl des Ungenügens begleitet waren, sondern im Gegenteil auf ihre Kunst sehr stolz, mag es vielleicht an der noch nicht ausreichenden Kunstfertigkeit der beiden Praktikanten gelegen sein, daß ihre Unzufriedenheit dominierte. Damit wäre aber nun solche mangelnde Kunstfertigkeit in der Unterrichtsmethodik, einschließlich des Gefühls des Ungenügens, umgekehrt eine Chance, den Weg zur Frage nach der Sinnrelevanz der Inhalte zu finden. Ob dies auch tatsächlich gelingt, muß offen bleiben. Denn durch den Versuch, das vage Gefühl des Ungenügens loszuwerden, kann es noch zu vielerlei Verwirrungen kommen, die ich im folgenden aufzeigen möchte und die Ihnen vielleicht aus der Erfahrung vertraut sind.

a) Eine Folge dieses vagen Gefühls des Ungenügens an der Faktenorientierung unseres Verstandesdenkens ist die strikte Verweigerung, unparteilich und von sich selbst distanziert die Wirklichkeit auf das in ihr objektiv Gegebene hin ins Auge zu fassen. Beispielhaft dafür steht, was etwa die feministische Theologie in ihren methodischen Erwägungen zur wissenschaftlichen Arbeitsweise vorbringt. So weigert sich die Feministin und Neutestamentlerin Elisabeth Schüssler-Fiorenza, ihre Rekonstruktion frühchristlicher Frauengeschichte unter

Absehen von ihrer Parteinahme für die Frauenbefreiung einer methodisch-objektiven Prüfung zu unterziehen. Sie unterstellt dieser an der Wahrheit des Faktischen orientierten Forschungsmethode von vornherein, lediglich den „Interessen akademischer Institutionen" zu dienen, „die den Status quo der herrschenden politischen Machtstrukturen legitimieren" und damit automatisch gegen die Unterdrückten Partei ergreifen.[9] Alles von außen Herantretende, Reale wird in dieser Haltung als Fremdbestimmung erlebt, bekämpft oder nicht zur Kenntnis genommen.

Da ich davon ausgehe, daß in solcher Verweigerung ein Erkenntnisansatz verborgen liegt, möchte ich nun ein Beispiel dafür geben, auf welche Weise ich versuche, in Diskussionen und Lehrveranstaltungen durch Denkanstöße von der Verstandesebene zur Vernunftebene zu kommen. Ich schicke voraus, daß ich dabei keineswegs immer erfolgreich bin, denn die Verweigerung neigt häufig zur Beharrung.
Bei solchen Versuchen greife ich auf verstandeskritische Traditionen zurück. So bringt z. B. der Astronom und Naturwissenschaftler Arthur Eddington (1944 in Cambridge gestorben) in seinem Buch „Philosophie der Naturwissenschaften" ein sehr schönes Bild für die Begrenztheit des abstrahierenden Verstandesdenkens. Er schreibt: „Nehmen wir an, ein Fischkundiger sei dabei, das Leben im Ozean zu erforschen. Er wirft sein Netz ins Wasser und fördert dann eine Auswahl von Fischen zutage. Er prüft seinen Fang und verfährt in der gewohnten Art eines Wissenschaftlers, um das, was der Fang kundtut, in ein System zu bringen. Er gelangt dabei zu zwei Verallgemeinerungen: 1. Kein Seegeschöpf ist weniger als zwei Zoll lang. 2. Alle Seegeschöpfe haben Kiemen. Beides stimmt für seinen Fang, und er nimmt versuchsweise an, daß beides, sooft er auch den Fang wiederhole, wahr bleiben werde"[10].

Ohne Bild gesprochen heißt das: Der Ozean steht für den Gegenstandsbereich einer an der Empirie orientierten Forschung. Das Auswerfen des Netzes ist Bild für die Beobachtung. Mit dem Netz ist das gemeint, was in der Wissenschaft Methode heißt. Aus dem Gleichnis von Eddington wird nun deutlich, daß das Netz Löcher hat, d. h. die Methode der Abstraktion nicht alles, was die Wirklichkeit ausmacht, fassen kann.

In einem nächsten Schritt möchte ich dieses Gleichnis auf einen anderen „Gegenstandsbereich", nämlich auf den Menschen hin transponieren. Ich stelle mir vor, ein Menschenkundiger ginge aus, das Wesen des Menschen zu erfassen. Der Menschenkundige kann sich grundsätzlich der Menschenwelt in der gleichen Weise zuwenden wie der Fischkundige dem Ozean. Dann wird er feststellen, daß es große und kleine Menschen gibt, hellhäutige, dunkelhäutige, rothäutige etc., solche mit schwarzen und solche mit weißen Haaren, junge und alte, männliche und weibliche. Um auf das zu kommen, was allen Menschen allgemein ist, bedient sich das Verstandesdenken der Abstraktion, muß also von den individuellen Differenzierungen absehen. Auf dieser Ebene logisch weitergedacht, kommt der Menschenkundige dann zu einem Wesen, das weder groß noch klein, weder hell- noch dunkelhäutig, weder blondlockig noch schwarzgelockt, weder alt noch jung, weder männlich noch weiblich wäre. Ein solches Wesen ist jedoch ein abstraktes Konstrukt, das sich in Wirklichkeit nicht findet. Das Ergebnis: Wenn es um den Menschen geht, dann führt die empirieorientierte Verstandesebene zur Erfassung dessen, was den Menschen ausmacht, nicht mehr weiter. Es ergibt sich also die Notwendigkeit, auf andere Weise an die Beantwortung der Frage nach dem Wesen des Menschen heranzugehen. Dazu ein weiteres anschauliches und bekanntes Beispiel aus der Tradition: Der Philosoph Friedrich Hegel[11] geht zunächst – ganz empirisch – davon aus, daß der Mensch mit den Tieren gemeinsam hat, seine Lebenskräfte aus dem Verdauungsvorgang zu gewinnen. Darüber hinaus vermag aber nur der Mensch sich der Tatsache, daß er verdaut, bewußt zu werden, ist er weiter imstande, den Verdauungsvorgang zu erforschen und daraus Erkenntnisse für die medizinische Praxis zu gewinnen. Daraus ergibt sich, daß es zum Wesen des Menschen gehört, Bewußtsein zu haben, und daß die verstandeslogische Erforschung der Verdauung solches Bewußtseinhaben voraussetzt.

Im Gegensatz zum Verdauungsvorgang läßt sich nun aber das Bewußtsein empirisch nicht wahrnehmen oder beobachten und daher mit Verstandeslogik nicht erfassen. Dafür hat Wilhelm Leibniz in seiner „Monadologie" mit dem Mühlengleichnis ein anschauliches Beispiel gebracht[12]. Er meint, wir sollten uns das menschliche Gehirn wie eine Mühle vorstellen, in die wir einsteigen, um deren Mechanismus zu erforschen. Wir würden dabei im Sinne der Gehirnphysiologie vielerlei finden, niemals aber das Bewußtsein. Denn das Bewußtsein ist weder im Gehirn anzutreffen, noch gespenstert es außerhalb des Gehirns herum. Bewußtsein läßt sich also nicht beobachten oder durch die Methode der Abstraktion gehirnphysiologisch „beweisen". Dennoch ergibt sich daraus nicht, daß wir kein Bewußtsein hätten, aber dieses läßt sich nur über Vernunftlogik, wie an Hegel gezeigt, erkennen und erfassen. Bewußtsein ist das Besondere unseres Selbst- und Weltverhältnisses, womit wir uns selbst und die Wirklichkeit einerseits zum „Gegenstand" des Nachdenkens machen können, dies aber andererseits nicht im Sinne eines bloßen Abbildens der realen Verhältnisse tun, sondern immer zugleich deutend und wertend. Und eben darin liegen Ethik und Glauben begründet als Ausdruck der Fähigkeit, sich zu Sinnwelten in Beziehung zu setzen.

Soviel in aller Kürze als Beispiel, wie es möglich ist, der aus dem Gefühl des Ungenügens gegenüber dem Ver-

standesdenken resultierenden Denkverweigerung zu begegnen. Wie aber gesagt: Solche Versuche sind keineswegs immer erfolgreich. Der Widerstand, der sich häufig in der Aussage artikuliert, dies alles sei „zu verkopft", hier ginge es nicht nur um Daten und Fakten, sondern – schlimmer noch – um Begriffe, deren Inhalte sich dem Beweis entziehen, ist groß und dokumentiert das Klima mangelnder Denkkultur.
Aus dem vagen Gefühl des Ungenügens resultiert daher ein Nächstes, das als Alternative zum Denken überhaupt vorgebracht wird.

b) Diese Alternative besteht im Rekurs auf die als unmittelbar „wahr" eingeschätzten Gefühle: Gefühle zu haben sei persönlich und menschlich, alles, was mit Denken zu tun hat, dagegen abstrakt, unpersönlich, unmenschlich. Darin meldet sich – so beurteile ich das – das durch die Verstandeslogik verdrängte Personale zu Wort.
Auch dazu ein kleines Beispiel aus dem Bereich der kirchlichen Erwachsenenbildung. Dort zeigt die Erfahrung, daß Veranstaltungen, die sich mit Themen befassen, die zum Nachdenken herausfordern, wie z. B. Referate und Diskussionen über die Päpstliche Sozialenzyklika, kaum besucht werden, während Selbsterfahrungsgruppen geradezu überlaufen sind. In solchen Gruppen können Menschen ihre Gefühle, zuwendige oder aggressive, offen aussprechen. Es gehört zu den Regeln, daß alle Teilnehmer diese Offenheit und damit die Person der anderen akzeptieren. Die in einer Verstandeskultur ins Hintertreffen geratene Person kann sich wahr- und ernstgenommen fühlen. Mehr noch: Die persönlichen Emotionen werden in ihrer Unmittelbarkeit als tragender Gewißheitsgrund, als Wahrheitskriterium empfunden, alles „von außen" Kommende, wozu auch das Denken gezählt wird, vermittelt erlebnismäßig Bedrohung und die Versuchung, sich fremdbestimmen zu lassen.

Nun haben Selbsterfahrungsgruppen durchaus ihre positiven Aspekte. Menschen lernen, ihre Empfindungen wahrzunehmen und auszusprechen, sie lernen Toleranz füreinander, und es wäre durchaus gut und sinnvoll, dort, wo es im Bildungsbereich um die Vermittlung von Denkwegen und Inhalten geht, damit zu rechnen, daß sich kein Erkenntnisprozeß unabhängig von emotioneller Beteiligung ereignet.[13] Dazu kommt, daß Gefühle im Bewußtwerdungsprozeß eine erste wichtige Stufe darstellen, die z. B. ein Problem signalisieren können, das allerdings erst über weitere Schritte des Nachdenkens einer Lösung zugänglich wird. Das Wahrnehmen des Gefühls genügt nicht, solange nicht bewußt wird, was sich dahinter verbirgt und worin dessen Erkenntnispotential besteht. Solange Kommunikation im bloßen Austausch von Gefühlen begründet liegt, findet keine Überschreitung dieser Ebene auf etwas Allgemeingültiges hin statt, das verbindende Sinninterpretamente gewährleisten könnte. Der Austausch auf der Gefühlsebene, so persönlich dieser auch ist, überwindet daher nicht die Isolation des einzelnen, und das führt zur vielfach beobachteten „Sucht" nach der Gruppe. Was fehlt, ist der Impetus für ein bestimmtes, zielorientiertes Handeln. Daraus ergibt sich als weitere Folge des vagen Gefühls des Ungenügens ein Drittes.

c) Dieses Dritte möchte ich die Flucht vor der „verkopften Theorie" in die unmittelbare Praxis nennen. Gerade die Studierenden höherer Semester sind von einem solchen Praxisbedürfnis bewegt. Sie wollen endlich praktisch handeln, endlich etwas tun, kein Sack mehr sein, in den immer mehr Informationen hineingestopft werden, sondern eine engagierte Person, die etwas zu geben vermag. Auch diese Haltung ist auf dem Hintergrund eines verstandes- und informationsorientierten Theorieverständnisses nachvollziehbar.

Das ersehnte Engagement hat dabei meist keine sehr

konkreten Konturen, es äußert sich pauschal z. B. für die Dritte Welt, für Gerechtigkeit und Frieden in der ganzen Welt, für die Frauen und für ein ökologisches Bewußtsein, um die positiven Aspekte zu nennen. Ein signifikantes Beispiel dafür ist eine bestimmte Literaturgattung, der das Buch von Franz Alt „Jesus, der erste neue Mann" zugehört.[14] Als engagierter Mensch fordert er alle zum Engagement heraus, will er geradezu zu einer Engagement-Nachfolge mitreißen. Erst listet er die Feindbilder auf, die alle in einem Punkt zur Deckung kommen, im Feindbild Nummer eins: die Wissenschaft, worunter er alles das versteht, was mit „Kopf" und d. h. mit Denken zu tun hat. Dann geht Franz Alt aufs „Ganze": Vom ganzen, ganz neuen Menschen bis zur neuen ganzheitlich orientierten Gesellschaft, deren Überleben nur durch „ganzheitliches Denken" gewährleistet werden könne. Der Begriff Ganzheitlichkeit wird inhaltlich mit der Vision einer Welt ohne Konflikte gefüllt, der allerdings noch ein groß angelegter Kampf vorausgehen müsse – eine fast apokalyptische Deutung des Weltenlaufs.[15]

Häufig findet sich im Zusammenhang mit diesem Hals-über-Kopf-Sturz ins praktische Engagement – um ein weiteres Beispiel anzufügen – ein Rekurs auf die Befreiungstheologie, allerdings in einer für diese Haltung charakteristischen Rezeption. Parteilichkeit für die Unterdrückten in aller Welt steht auf dem Programm, ohne zu sehen, daß die für Befreiung kämpfenden lateinamerikanischen Theologen und Pädagogen ihrerseits vor blindem Engagement warnen. So meinen z. B. Clodovis Boff oder Paulo Freire[16], Engagement sei dann blind, wenn die Engagierten sich in zweierlei Hinsicht der notwendigen Aufgabe der Reflexion entziehen. Zum einen nämlich bedürfe es als Voraussetzung der nüchternen und methodisch genauen Analyse der sozialen Verhältnisse; zum anderen sei es notwendig, ganz konkrete und auf die je besondere Situation bezogene Handlungs-

strategien zu entwickeln. Beides könne aber nur geschehen durch das, was Paulo Freire „conscientiation" nennt, also durch bewußtes Nachdenken hinsichtlich der Analyse der realen Probleme, wie hinsichtlich dessen, was im Sinne der Humanität eine gerechte Gesellschaft im je bestimmten geschichtlichen Kontext sein soll. Nach Freire hat also das menschliche Bewußtsein für die Analysearbeit den Verstand, für die Frage nach dem Sinn des Humanen die Vernunft zu bemühen, und beides sieht er mit Recht als Voraussetzungen für eine zielgerichtete und überlegte Praxis.[17]
Ohne solche Denkarbeit erzeugt eine Aufforderung zum globalen Engagement zugleich das Gefühl der Lähmung oder wird zum unbewältigbaren moralischen Druck auf das Gewissen, da ein zu umfassender und undifferenzierter Anspruch einen völlig uneinlösbaren Imperativ darstellt. Zuletzt geschieht dann, abgesehen von den großen Worten, gar nichts.

d) Das Stichwort „große Worte" leitet mich zur nächsten Folge, die sich aus dem vagen Gefühl des Ungenügens ergeben kann: das Schwimmen im Sinn-Nominalismus. Nominalismus bedeutet, daß Begriffe als subjektive Äußerungsformen des Bewußtseins angesehen, deren Bezüge zur Realität jedoch ausgeklammert werden.[18] Die Begriffswelten beginnen eine Art Eigenleben zu führen. Wird z. B. der Sinnbegriff „Ganzheitlichkeit" verwendet, so stellt sich die Frage, was denn damit konkret, also im Rahmen eines bestimmten Wirklichkeitsbereichs gemeint sei. Dasselbe gilt, wenn vom Gegenbegriff „Gespaltenheit" die Rede ist. Es müßte dann, wenn Kommunikation der Verständigung dienen soll, geklärt werden, ob damit etwa reale Schizophrenie, die aktuelle Haltung der Unentschlossenheit oder das Problem eines unaufrichtigen Charakters gemeint sei. Sinn-nominalistische Denker verstehen jedoch allein schon solche Rückfragen nach dem „Meinen" im „Sagen", also nach dem Wirklichkeitsbezug des Begriffs, als Verrat an der „Sache", z. B. an der erwähnten „Ganzheitlichkeit". Auf diese Weise werden die Begriffe unfaßbar, uninterpretierbar, somit auch leicht willkürlich austauschbar. Läuft die Kommunikation dann ausschließlich auf der Ebene der Begriffe, von denen angenommen wird, sie seien hinsichtlich des Wirklichkeitsbezugs selbstevident, dann dienen solche Begriffe letztlich im besten Falle dazu, die Zugehörigkeit zu einer bestimmten Gruppe zu signalisieren. Ein typisches Beispiel dafür ist das sich in Begriffscollagen bewegende New-Age-Denken. Ausgehend von der zutreffenden Einsicht, daß das verstandesorientierte naturwissenschaftliche Denken aufgrund seiner Methode der Abstraktion nicht imstande sein kann, die Fülle menschlicher Wirklichkeit zu erfassen, propagiert z. B. Fritjof Capra ein „holistisches Denken", das alles, was dem Begriff nach Sinn macht, miteinander „vernetzt": Intuition, Synthese, Kooperation, Einfühlung, Naturverbundenheit, Leben, Evolution, Ökologie, Geist, Ethik, Mystik etc.[19] Begriff an Begriff reihend, wird der gewünschte Zusammenhang hergestellt, und das Gedachte, „Ideelle" wandelt sich, von der Welt des Wirklichen getrennt, zum Fiktiven, zu dem, was Erich Heintel nach Hegel „Gespenstermetaphysik" nennt.[20]

New-Age-Denken nimmt jedoch seine ideellen Gebilde nicht als Gespenster, sondern ist davon überzeugt, durch diese Ideen Wirklichkeit zu verändern, wie wenn es gleichsam einen von selbst funktionierenden Rückbezug von der Idee auf die Wirklichkeit gäbe. Indem Sinnbegriffe sich so von der Wirklichkeit ablösen, gewinnen sie unter der Hand selbst wieder den Charakter eines faktisch Gegebenen, das für sich steht und für sich spricht, aber Welt und Mensch nicht mehr auszulegen vermag. Es gibt dann, um mit Robert Musil zu sprechen, „. . . zwei Geistesverfassungen, die einander nicht nur bekämpfen, sondern die gewöhnlich, was schlimmer ist, nebeneinander bestehen, ohne ein Wort zu wechseln ... Die eine begnügt sich damit, genau zu sein, und hält sich an die Tatsachen; die andere begnügt sich nicht damit, sondern schaut immer auf das Ganze und leitet ihre Erkenntnisse von sogenannten ewigen und großen Wahrheiten her. Die eine gewinnt dabei an Erfolg, und die andere an Umfang und Würde."[21] Aus dem vagen Gefühl des Ungenügens resultiert ein alternativer Verzicht, entweder auf den Sinn oder auf die Tatsachen.

Es ließen sich durchaus noch weitere Folgen des vagen Gefühls des Ungenügens darstellen, die das bestimmen, was wir den Zeitgeist nennen, so z. B. der Rückgriff auf das romantische „Wesensdenken", das der Wirklichkeit die Würde des Unwandelbaren verleiht und sich zum Teil im New-Age-Denken, im Feminismus[22] oder in der Rezeption der C. G. Jungschen Archetypenlehre zeigt. Dies auszuführen würde jedoch den gegebenen Rahmen sprengen.

Das Ergebnis: Solche Versuche, das vage Gefühl des Ungenügens loszuwerden, sind Irrwege und Sackgassen – gewiß –, aber zugleich vielleicht ein hoffnungsvoller Ausdruck dessen, daß sich die sinnorientierte Vernunft nicht einfach verleugnen und verdrängen läßt, sondern – zugegebenermaßen auf Umwegen – wiederkehrt, weil sie zu unserem Menschsein gehört.

III. Konsequenzen für das Thema „Bildung und Religion"

Zunächst auch dazu eine Vorbemerkung: Empirische Untersuchungen, wie sie z. B. in Wien Paul Zulehner[23] oder in Fribourg Fritz Oser[24] durchgeführt haben, ergeben immer wieder, daß gerade Menschen mit einem höheren Bildungsniveau mit Kirche und deren Verkündigung und Lehre nichts mehr anfangen können. Dies heißt jedoch nicht, daß solche Menschen nicht religiös interessiert wären. Hier stoßen wir auf ein inzwischen traditionelles Phänomen, das schon Friedrich Schleiermacher zu seinen „Reden über die Religion an die Gebildeten unter ihren Verächtern" veranlaßt hatte.

So scheint es, daß sich die Kirchen der Probleme, die eine mangelnde Vernunftkultur mit sich bringen, nicht ausreichend bewußt sind und diesen daher nicht sinnvoll begegnen können. Die genannten empirischen Untersuchungen orientieren sich an einem Bildungsbegriff, der durch Art der Schulbildung, durch akademischen Grad etc. bestimmt ist, was sich übrigens angesichts der auf Empirie ausgerichteten Methodik auch gar nicht anders machen läßt. Da das Vernunftdenken jedoch auch in unseren Bildungsinstitutionen nicht ausreichend thematisiert und gelernt wird, kann sogenannte höhere Bildung ebenfalls nicht mehr hinterlassen als das vage Gefühl des Ungenügens, religiöses Interesse und religiöse Suchbewegungen, die über das, was ich im vorigen Kapitel ausgeführt habe, nicht hinausreichen. Dann beginnen Naturwissenschaftler, wie z. B. Fritjof Capra, eher auf die Sterne zu horchen und das Wassermannzeitalter zu erwarten, als daß sie Interesse an dem gewinnen, was in der christlichen Tradition vernünftig und sinnvoll ist.

Das schmerzt die Kirchen und sie versuchen, darauf zu reagieren. Diese Reaktionen lassen sich auf folgende Modelle bringen:

a) Um Menschen unserer Tage zu erreichen, um nicht in einen luftleeren Raum zu sprechen, sondern in eine Welt, die wir die „Moderne" nennen, wurde und wird versucht, sich auch in der Verkündigung des verstandesorientierten Denkens zu bedienen. Dieses hat in den Kirchen inzwischen einen festen Platz und wirkt sich z. B. so aus, daß viele Predigten nichts anderes sind als historisch-kritische Ausführungen über die Lebensverhältnisse der frühen Christen. Das mag interessant sein und zur Verlebendigung der Geschichte beitragen, hält jedoch letztlich die innere Distanz aufrecht, unter der schon Lessing litt, als er vom „garstigen Graben" sprach, den zu überwinden ihm nicht gelang. Wo bleibt für uns heute, so fragt er, der „Beweis des Geistes und der Kraft"?[25]

b) Diese Frage führt zur Besinnung auf den Glaubensinhalt der christlichen Tradition, der in der Dogmatik formuliert und bewahrt ist. Hier geht es um die Inhalte der Offenbarung Gottes. Die christliche Lehre zu kennen ist wichtig und gehört zur Bildung. Aber nur gewußt und nachgesprochen entzieht sie sich einer denkenden Aneignung. Damit gewinnen die Glaubensinhalte wiederum den Charakter des Faktischen, und deren existentieller Sinn bleibt verschlossen. Unter diesen Bedingungen kann Vermittlung wenn, dann nur mit Hilfe der Autorität der Kirche geschehen, was in einer pluralistischen Gesellschaft jedoch sehr bedingt zur Wirkung kommt.
Die kritische Auseinandersetzung der Kirchen mit den aufgezeigten religiösen Zeitströmungen, wie z. B. New Age, folgt im Rahmen dieses Modells der Frage, was denn daran christlich sei, der christlichen Lehrtradition entspräche oder nicht. Damit werden aber weder die Denkweise des New Age noch der Sinn des Christlichen erfaßt.[26]

c) Christliche Lehre, als „objektiver" Inhalt „gewußt", kann nicht motivieren. Daher werden vermehrte Anstrengungen unternommen, die christliche Gemeinde durch moralische Appelle zu Aktivitäten aufzufordern. Dabei geht es nicht nur im „konservativen" Sinne z. B. um eine anständige Sexualmoral, sondern auch im „progressiven" Sinne z. B. um sozialpolitisches Engagement für die Dritte Welt, um Einsatz für die Friedensbewegung oder Beteiligung an Antiatomkraftdemonstrationen. Solche Aktivitäten können allemal sinnvoll und nützlich sein, aber es bleibt offen, auf welche Weise ein human-ethischer Anspruch mit dem Zuspruch des Evangeliums zusammenhängt. Der geistliche Sinn, der sich auf Schöpfung oder Erlösung bezieht, wird zu einer oberflächlichen Chiffre für die Handlungsbegründung oder als „billige Gnade" diffamiert, die den Handlungswillen unterlaufe.

d) Derzeit erfreut sich die Sozialisationsforschung in der Religionspädagogik einer besonderen Beliebtheit. Sie gehört zu den gegenwärtigen Forschungsschwerpunkten. Das Ziel ist leicht zu erkennen. Es wird der Versuch unternommen, in kausallogischem Sinne die Bedingungen auszumachen, die im Zuge des Aufwachsens dazu führen, daß ein Mensch sich als christlich versteht und am Gemeindeleben Anteil nimmt. Dabei zeigt sich, daß es selbstverständlich eine Rolle spielen kann, ob ein Kind in einem dementsprechenden Elternhaus aufwächst, so daß es eine christliche Praxis einübt und Glauben und Kirche auch emotionell verbunden ist.[27] Aber das muß nicht die kausallogische Folge sein, und die Zahl derer, die einer solchen Sozialisation den Rücken kehren, ist groß, weil auch andere Einflüsse unvermeidbar wirken. Selbst wenn es gelänge, Kinder in einem kirchlichen Ghetto zu halten, kann es geschehen, daß sie umso vehementer daraus ausbrechen, und zwar gerade deshalb, weil sie keine eigenständige, sinnerschließende Beziehung zum Eingeübten finden.

e) Lebenslaufforschungen zeigen, daß häufig besonders einschneidende Grenzerfahrungen einen Weg zum Sinn des christlichen Glaubens eröffnen. In diesem Zusammenhang erinnere ich mich an eine Frau, die in einer Diskussionsrunde von ihrer Bekehrung erzählte: Sie sei völlig areligiös aufgewachsen und habe sich bis zu einem Verkehrsunfall, der sie in das Gesicht des Todes blicken ließ, nie für religiöse Fragen oder Kirche interessiert.

Seit ihrem Unfall sei sie auf der Suche nach einem letzten Sinn, lese sie in der Bibel und besuche sie den Gottesdienst. Die Tatsache, daß es solche Wege gibt, wird nun zuweilen für die Vermittlungsbemühungen als positives (!) Paradigma benützt, um die Beschäftigung mit Glaubensfragen anzustoßen. Mit dieser Methode arbeitete z. B. die Fernsehserie „Warum Christen glauben". Wahnsinnigste Lebenskrisen und tragischste Unfälle wurden via Bildschirm vorgeführt, und der Handlungsort – eine Klinik – war das geeignete Ambiente dazu. Hier stellt sich mir nicht nur die Frage der Verantwortlichkeit im Umgang mit Angst und Betroffenheit von Menschen, sondern ich frage mich darüber hinaus: Sind Theologie und Kirche wirklich so hilflos geworden, zu einer Aneignung des Glaubenssinns hinzuführen, daß sie der Katastrophen bedürfen? Außerdem: Katastrophen müssen nicht zum Glauben führen, können auch den Nihilismus bekräftigen; inszenierte Katastrophen müssen nicht Betroffenheit auslösen, sondern können auch Angst machen oder übertrieben und lächerlich wirken.

f) Gegenüber einem Religionsunterricht, der sich als reine Faktenkunde versteht, hat besonders die Religionspädagogik der siebziger Jahre Modelle entwickelt, durch die der Schritt von der Verstandes- zur Vernunftorientierung durch die Sinnfrage provoziert werden sollte. Der katholische Religionspädagoge Günter Lange z. B. nennt „die empirische Wirklichkeitsebene (willkürlich) x", das, was „mehr ist" als dieses x, nennt er „(ebenso willkürlich) y".[28] „Im weitesten Sinne ist y die Chiffre für alles, was verdankt wird, was nicht meßbar, greifbar, herstellbar und bezahlbar und doch für das Leben wichtig ist: Hoffnung, Glück, Freundschaft, Liebe, Solidarität usw."[29] Keine Frage, daß z. B. die Liebe nichts empirisch Beobachtbares und Beweisbares ist, sondern ein dem Vernunftdenken zugänglicher human-ethischer Sinn. Aber dennoch ist damit noch kein Weg geschaffen, den Sinn z. B. der Welt als Schöpfung, der Menschwerdung Gottes, des ewigen Lebens zu erfassen. Denn der Glaube siedelt an der Grenze; freilich nicht an der Grenze der Verstandeserkenntnis – dort harren Widersprüchliches und Unaufgeklärtes, die terra incognita der empirischen Forschung der weiteren Bearbeitung. Glaube sucht vielmehr dort nach Antworten, wo unsere Vernunft vor den unlösbaren Aporien menschlicher Existenz steht und von sich aus nichts mehr zu sagen weiß.

g) Schließlich sind viele Pfarrer und Religionslehrer selbst vom vagen Gefühl des Ungenügens und dessen aufgezeigten möglichen Konsequenzen betroffen, vom Rekurs auf die Unmittelbarkeit der Gefühle bis zum Sinn-Nominalismus einer New-Age-Bewegung. Dies nicht zuletzt deshalb, weil sie nicht ganz zu Unrecht spüren, daß sich darin eine Dimension zu Wort meldet, die in der üblichen Vermittlungsarbeit der Kirchen zu kurz kommt.
Damit kehre ich zum Anfang meines Beitrages zurück und zur These, daß wir, um einen Zugang zum Glauben zu finden, einer Kultur des Denkens bedürfen, nicht vermehrter Bildungsinhalte im Sinne einer besseren Information – obwohl dies dazugehört –, sondern vor allem einer Bildung im Denken. Religion und Glaube sind heute nicht mehr naiv rezipierbar, nicht mehr in erster Linie durch entsprechende Sozialisation zugänglich, sondern bedürfen für ihre Relevanz, das ist meine unzeitgemäße Überzeugung, einer Vermehrung und Differenzierung denkerischer Anstrengung.
Zu unterscheiden wären die Wahrheit des Faktischen und die Wahrheit des human-ethischen Sinns, für den Christen und Humanisten sich gemeinsam engagieren können, von der Wahrheit des Glaubenssinns, der von den Fakten nicht abgeleitet und vom menschlichen Sub-

jekt nicht willkürlich beigemessen werden kann, sondern als dieser Welt vorausgesetzt erkannt werden will. Dadurch ist Glaubensvermittlung heute mühsamer, braucht sie auch mehr Zeit und Geduld, zuerst für die Lehrenden selbst. Und so stellt sich die für mich ungelöste Frage, wie sich solches, schulpolitisch gesehen, verwirklichen ließe.

Anmerkungen

1 Überarbeiteter Vortrag, gehalten am „X. Symposion zur Inneren Schulreform" (Prof. Marian Heitger) im Oktober 1989.
2 Vom „Motivationshorizont" spricht Erich Heintel; z. B. in: Das Totalexperiment des Glaubens. Zu Ferdinand Ebners Philosophie und Theologie, Festschrift des Niederösterreichischen Kulturforums, Wiener Neustadt, o. J., S. 18 u. ö.
3 Vgl. James Barr, Fundamentalismus, München 1981.
4 Peter Brown, Die letzten Heiden, Berlin 1986.
5 Tilmann Moser, Gottesvergiftung, Frankfurt 1979.
6 Martin Greiffenhagen (Hrsg.), Pfarrerskinder, Stuttgart 1982; dieses Buch dokumentiert in ausgezeichneter Weise, wie unterschiedlich Menschen ihre Sozialisation im Pfarrhaus erleben und verarbeiten.
7 Platon, Sämtliche Werke (Rowohlts Klassiker der Literatur und der Wissenschaft), hrsg. v. W. F. Otto/E. Grassi, Bd. 1, S. 59.
8 A. a. O. S. 211.
9 Elisabeth Schüssler-Fiorenza, Zu ihrem Gedächtnis..., München/Mainz 1988, S. 32.
10 Arthur Eddington, Philosophie der Naturwissenschaften, Bern 1939, S. 28.
11 G. W. F. Hegel, Werke, Jubiläumsausgabe, hrsg. v. H. Glockner, 1941, Bd. XII, S. 120; vgl. dazu Erich Heintel, Physis und Logos, in: Gesammelte Abhandlungen, Bd. 1, Stuttgart 1988, S. 311–343.
12 G. W. Leibniz, Monadologie, § 17.

13 Diese Erkenntnis findet sich nicht nur in der Philosophie, so z. B. in Platons Eroslehre (im Symposion), sondern auch in gegenwärtigen Konzeptionen der Psychologie, so z. B. bei Ruth Cohn (Von der Psychoanalyse zur themenzentrierten Interaktion, Stuttgart 1981/5) oder im Rahmen der Entwicklungspsychologie in den Arbeiten von Fritz Oser (vgl. F. Oser/Paul Gmünder, Der Mensch – Stufen seiner religiösen Entwicklung, Gütersloh 1988/2).
14 Franz Alt, Jesus – der erste neue Mann, München 1989.
15 Vgl. die Rezension des Buches von F. Alt: Susanne Heine, Alt und Jung, in: Evangelische Kommentare, H. 12, 1989, S. 47–49.
16 Clodovis Boff, Theologie und Praxis. Die erkenntnistheoretischen Grundlagen der Theologie der Befreiung, München/Mainz 1983 (besonders Teil III); Paulo Freire, Der Lehrer ist Politiker und Künstler, Hamburg 1981.
17 Freire verwendet nicht die Begriffe Verstand und Vernunft, meint aber dieselbe Dialektik, wenn er z. B. schreibt: „Im Zusammenhang mit der Bewußtseinsbildung als Erkenntnisakt müssen wir uns einige Fragen stellen ... Was wollen wir erkennen? Diese Frage zielt auf den Inhalt, auf den Gegenstand, der erkannt werden soll. Wir müssen uns fragen: Wozu wollen wir erkennen? Diese Frage hat mit der Zielsetzung des Erkenntnisaktes zu tun. Hinter der Frage: Wie können wir erkennen? steckt die Frage nach der Erkenntnismethode. Ich verstehe Methoden immer dialektisch" (a. a. O. S. 103).
18 Vgl. Erich Heintel, Grundriß der Dialektik, Bd. II, Darmstadt 1984, S. 37: Das Ideelle kann „als das ‚nur' Gedachte verstanden werden und nähert sich dann – auf der Grundlage eines unreflektierten oder uneingestandenen Nominalismus bzw. einer nicht haltbaren Auffassung des Verhältnisses von Theorie und Praxis – dem Sinn des Fiktiven, des nur Eingebildeten und zuletzt des auf Realität überhaupt nicht Beziehbaren".
19 Fritjof Capra, Wendezeit. Bausteine für ein neues Weltbild, Knaur-Tabu 1988, Einführung: Das ganzheitlichökologische Denken in der deutschen Geistesgeschichte (S. 1–11); diese Einführung läßt sich nur als naiv-halbbewußte Anmaßung charakterisieren. Auch das, was heute

unter dem Stichwort „ökumenisches Lernen" vorgestellt wird, hat deutlich sinn-nominalistische Züge; vgl. z. B. das Heft 6 (1986) der Zeitschrift „der evangelische erzieher", das sich diesem Thema widmet.

20 Die „‚Idee' im Sinne der Gespenstermetaphysik" ergibt sich, „wenn man sie ‚abgetrennt' (in der ersten wörtlichen Bedeutung) in ein Jenseits versetzt, das dann dem Diesseits in der Weise einer Über- oder Hinterwelt gegenübersteht" (E. Heintel, s. Anm. 17, S. 38). Hegel spricht in diesem Zusammenhang vom „Schlecht-Unendlichen", dem „das Endliche als Dasein gegenüberbleibt", so daß es dadurch zwei Welten gibt, „eine unendliche und eine endliche, und in ihrer Beziehung ist das Unendliche nur Grenze des Endlichen und ist damit nur ein bestimmtes, selbst endliches Unendliches" (in: Wissenschaft der Logik I, zit. nach G. W. F. Hegel, Werke, Bd. 5, Frankfurt/Suhrkamp, 1986, S. 152).

21 Robert Musil, Der Mann ohne Eigenschaften, in: Gesammelte Werke, Bd. 1, Hamburg (Rowohlt) 1978, S. 248.

22 Vgl. die Arbeiten der Philosophin Cornelia Klinger, z. B.: Modernisierungsorientiertes und traditionsorientiertes Emanzipationskonzept, in: B. Weisshaupt u. a. (Hrsg.), Was Philosophinnen denken II, Zürich 1986, S. 71–96, dazu: dies. (Hrsg. u. a.), Identitätskrise und Surrogatidentitäten. Zur Wiederkehr einer romantischen Konstellation, Frankfurt-New York 1989. Vgl. weiter Susanne Heine, Dein Wesen ist eins und unteilbar. Weiblichkeit contra Emanzipation, in: Welt des Kindes, H. 1, 1990, S. 12–18, dazu: dies., Zerreißproben und Ganzheitsphantasien, in: F. Wurst (Hrsg. u. a.), Aufwachsen in Widersprüchen, Salzburger Internationale Pädagogische Werktagung 38 (1989), Salzburg 1990, S. 72–92.

23 Paul Zulehner, Kirche und Priester zwischen dem Auftrag und den Erwartungen der Menschen, Wien-Freiburg 1974; vgl. dazu: Peter Pawlowsky, Das Publikum religiöser TV-Sendungen, Berichte zur Medienforschung, Bd. 15, Wien, 1980.

24 Fritz Oser unterscheidet zwischen strukturgenetischer Transformation und angelerntem Wissen, s. Anm. 12.

25 G. E. Lessing, Über den Beweis des Geistes und der Kraft, 1777.

26 Beispiele dafür finden sich u. a. in den Veröffentlichungen der Evangelischen Zentralstelle für Weltanschauungen in Stuttgart, die jedoch auch sehr gute und differenzierte Beiträge enthalten.
27 Vgl. u. a. Karl-Ernst Nipkow, Erwachsenwerden ohne Gott? Gotteserfahrung im Lebenslauf, München 1987; zur Kausallogik vgl. z. B. S. 12; obwohl Nipkow keineswegs durchgängig dem Modell der Kausallogik folgt, zeigt sich doch die Verführung dazu in diesem Ansatz.
28 Günter Lange, Religion und Glaube, in: Katechetische Blätter, H. 12, 1974, S. 733–750; Zit. S. 738.
29 A.a.O. S. 738/39.

Marian *Heitger*

Braucht Bildung Religion – braucht Religion Bildung?

In seiner Schrift: „Erziehung für Erzieher" greift Johann Michael Sailer, Religionspädagoge und Bischof von Regensburg, eine Formulierung aus Kants Pädagogik[1] auf, wonach „das Menschenkind erstens diszipliniert, zweitens kultiviert, drittens zivilisiert, viertens moralisiert werden müsse". Diesen Aufgabenkatalog hält Sailer allerdings für ergänzungsbedürftig. Denn, „wenn der Mensch von der Idee des Göttlichen, des Ewigen entweder ganz isoliert oder wenigstens der Glaube an Gott nicht zum Grundprinzip seines inneren und äußeren Lebens" wird, so muß „ihm bei allen Vorzügen der Kenntnis der feinen Sitten und der Sittlichkeit doch die höchste Würde eines Menschenlebens fehlen".[2]
Da nach Sailer in jedem Menschen drei Keime liegen, der „des tierischen Lebens, des menschlichen Lebens, des göttlichen Lebens", ist der Mensch erst dann „reifer Mensch geworden, wenn in ihm das Prinzip der Religion so herrschend geworden ist, daß von diesem Ordnung in die Sinnlichkeit, Licht in das Erkennen, Leben in das Handeln ausgeht".[3]
Deshalb muß nach Sailer der von Kant aufgestellte Katalog ergänzt werden: „Es ist nicht genug, den Menschen zu disziplinieren, zu kultivieren, zu zivilisieren, zu moralisieren – er muß auch (...) divinisiert, das heißt hier, zum göttlichen Leben gebildet werden, wenn ihm anders das höchste Leben, das eigentliche Leben im Menschenleben nicht fehlen soll."[4] Im Gegensatz zu dieser These, daß Bildung ohne Religion nicht möglich ist, läßt sich Goethes Wort aus den Zahmen Xenien anführen: „Wer Wissenschaft und Kunst besitzt, hat auch Religion. Wer jene beiden nicht besitzt, der habe Religion."

Ohne sich auf eine differenzierte Hermeneutik der angeführten Stellen einzulassen, können sie doch Anlaß für die Entfaltung unseres Problems sein. Die grundlegende Frage lautet: Ist Bildung ohne Religion möglich, oder bleibt die Bildung ohne Religion bloßer Schein, weil ihr das Fundament fehlt? Die Frage läßt sich auch umkehren: Ist wahre Bildung in Wissenschaft und Kunst der Feind der Religion, wird Religion durch sie überflüssig, so daß Religion gewissermaßen und allenfalls noch als Ersatz für jene zu fungieren hätte? Bekanntlich hat August Comte in seinem Dreistadiengesetz dieser These wissenschaftlich Gestalt und Begründung gegeben. Danach wendet der Geist „der Reihe nach verschiedene und sogar entgegengesetzte Methoden bei seinem Philosophieren an; zuerst die theologische Methode, dann die metaphysische und zuletzt die positive ...". In den ersten Stadien sucht das Denken die ihm gestellten Fragen im Hinweis auf „übernatürliche Mächte" zu erklären, während wir im dritten Stadium „Gesetze durch gemeinsamen Gebrauch der Vernunft und der Beobachtung zu entdecken" suchen.[5]
Die in diesem Referat zu behandelnde Frage beschränkt sich nicht auf die mögliche Verträglichkeit von Religion und Bildung. Sie ist angesichts der Herausforderungen radikaler gestellt und artikuliert sich so: Ob Bildung ohne Religion überhaupt möglich ist oder ob Religion wahre Bildung verhindert. In gleicher Weise radikal ist die korrelative Gegenfrage gestellt. Ist Religion ohne Bildung möglich, macht Religion die Bildung, das eigene Denken und Urteilen überflüssig, wird die Beschäftigung mit den Objektivationen menschlichen Denkens in Kunst und Sitte, in Brauchtum, Kultur und Wissenschaft nebensächlich? Könnte man mit Augustinus alles innerweltliche Wissen und seine Neugier als intellektuelle Eitelkeit abtun, um nur der einzig wichtigen Frage nachzugehen, wie ich mich im Glauben Gott zu überlassen habe? Ist die Auffassung, zugunsten der Religion auf

Bildung zu verzichten, gar verantwortlich dafür, daß Karl Erlinghagen[6] vor mehr als zwanzig Jahren das sog. katholische Bildungsdefizit beklagen zu müssen glaubte, oder dafür, daß man manchmal den fatalen Eindruck hat, daß Repräsentanten des Katholizismus in Fragen der Bildung eine zumindest gebremste Aktivität an den Tag legen, daß ihnen kritisches Denken, Handeln aus eigener Verantwortung und Gewissenstreue nicht gerade ein Herzensanliegen ist?

Die Alternative wird deutlich: Gehören Religion und Bildung zusammen, oder stehen sie einander gegensätzlich gegenüber; weil im Anspruch der Bildung nichts gelten soll, was sich vor der Vernunft nicht rechtfertigen läßt; weil vor der Religion und im Glauben alles Wissen, Können und Wollen zweitrangig wird?

Eine empirische Erhebung von 1973 scheint diesen Gegensatz zu bestätigen, wenn sie zu dem Ergebnis kommt: „Je höher der formale Bildungsstand, desto wahrscheinlicher wird, statistisch gesehen, ein kritisch distanziertes bis abständiges Verhalten zur Kirche."

Ernst Nipkow, ein evangelischer Religionspädagoge, scheint das Problem auf den systematischen Nenner zu bringen, wenn er festhält: „Bildung ist für (Staat und) Kirche einerseits eine bestandserhaltende Notwendigkeit, andererseits ein bestandsgefährdendes Risiko."

In dem vorliegenden Referat wird versucht, die Notwendigkeit der Zusammengehörigkeit von Religion und Bildung zu begründen. Seine These lautet: Bildung ist ohne Religion nicht möglich, und Religion bleibt auf Bildung angewiesen. Diese Behauptung soll nicht Ausdruck eines interessengeleiteten Vorurteils sein, sondern in ihrem Geltungsanspruch begründet werden. Damit ist die Frage nach dem Begriff der Bildung gestellt. M. a. W.:

Die Bestimmung des Bildungsbegriffes selbst muß Auskunft über die Notwendigkeit seiner Beziehung auf Religion geben. Die Frage nach dem Bildungsbegriff als

einem alle pädagogischen Absichten umfassenden Anspruch stellt das Denken vor erhebliche Schwierigkeiten. Einerseits scheint der Bildungsbegriff überflüssig, nicht mehr zeitgemäß, und andererseits scheint er sich der wissenschaftlichen Durchdringung und Bestimmung zu entziehen.
Im Begriff der Bildung, so wird befürchtet, halte sich hartnäckig ein überholtes Ideal bürgerlicher Pädagogik. In ihm dokumentiere sich eine Ideologie, die durch ihren Schein die wirklichen Probleme verdecke. Statt von Bildung zu reden, spräche man besser von Ausbildung, von Qualifikation, von Sozialisation, Identifikation u. a.

Für die Verabschiedung des Bildungsbegriffes werden vor allem folgende Gründe angeführt: Die gegenwärtige Pädagogik sieht sich mit Aufgaben konfrontiert, deren Vielfalt nicht mehr auf einen gemeinsamen Nenner gebracht werden kann. Der Fortschritt der Wissenschaften, die Vermehrung des Wissens haben zunehmend die Möglichkeit geschaffen, über die Welt, d. h. über Natur und Mitwelt, zu verfügen. Das Verfügenwollen und -können setzt spezialisierte und anspruchsvolle Qualifikationen voraus. Diese zu schaffen, das ist der gegenwärtigen Pädagogik als unverzichtbare Aufgabe gestellt. Spezielle Ausbildungsaufgaben sind wahrzunehmen, wenn Pädagogik dem jungen Menschen helfen will und soll, lebenstüchtig zu werden.
Der Lebensvollzug des Menschen selbst stellt sich als ein kompliziertes Rollenspiel dar. „Technische Produktion und bürokratische Organisation" und die Anonymität lassen eine unter dem einheitsstiftenden Begriff der Bildung sich verstehende Pädagogik unzeitgemäß erscheinen und machen jenen Anspruch zum unverbindlichen ideologischen Überbau. Die Notwendigkeit der Wahrnehmung verschiedenster Rollen und Funktionen sei nicht zu übersehen. Die von ihnen geforderte Ausbil-

dung habe mit Recht den Bildungsbegriff mit seinem Anspruch nach „Einheit" hinfällig werden lassen. Ein die verschiedenen Rollenprofile verbindendes Ganzes ist nicht mehr auszumachen. Das gelte nicht nur für ein Nebeneinander verschiedenster Verhaltensweisen, sondern auch für die Veränderungen im Nacheinander. Alles sei in schnellem Wandel begriffen. Eine die Veränderungen in der Zeit zur Einheit verbindende Größe sei weder konstruierbar noch wünschbar. Wo dieser Anspruch dennoch aufrechterhalten werde, sei er nichts anderes als romantische illusionäre Sehnsucht, die dem Menschen als metaphysisches Bedürfnis eingeredet würde.

Die durch die Zeitumstände nahegelegte Absage an Bildung als einem einheits- und zusammengehörigkeitsstiftenden Begriff korrespondiert mit dem Verlust einer für sie maßgebenden Anthropologie. Die metaphysischen Menschenbilder sind zerbrochen. Alle Vorstellungen von einem in seiner Natur erkennbaren Wesen haben sich als historisch und relativ erwiesen. Dilthey[7] hat in Konsequenz dieser Erkenntnis alle natürlichen Systeme, die aus einem vorgegebenen Menschenbild ihren normativen Gehalt abzuleiten versuchen, als veraltet und wissenschaftlich widerlegt disqualifiziert. Dennoch glaubte er einen letzten Rest vom zeitlosen Wesen des Menschen in der Teleologie des Seelenlebens retten zu können, um daraus Aussagen über das, was sein soll, zu gewinnen. Aber auch diese Hoffnung scheint sich als Schein und Ideologie entlarvt zu haben.

Den radikalen Schlußpunkt in der totalen Absage an ein verbindliches Bild vom Menschen setzt J. P. Sartre[8]. Der Mensch muß als Subjekt gesehen werden. Er unterscheidet sich von Gegenständen, die nach einem Muster bzw. Vorbild geschaffen sind. Als Subjekt muß der Mensch frei sein. Freiheit verträgt keine Festlegung auf ein vorgegebenes Bild. Freiheit, die durch ein vorgegebenes Wesen des Menschen bestimmt wäre, hebt sich selbst auf. Deshalb kann es auch keinen Gott geben, der den Menschen geschaffen hätte. Denn in diesem Schöpfungsakt müßte der Schöpfer dem Geschöpf seinen Stempel aufgedrückt haben, d. h. ihm eine Essenz mitgegeben haben, die er in seiner Existenz dann zu verwirklichen hätte. Für Sartre bleibt allein die bloße Existenz, die sich in der je eigenen Lebensgeschichte erst ihre Essenz schafft.

Die gegenwärtige Unsicherheit in bezug auf die verbindliche Kraft eines regulativen Bildungsbegriffes ist nicht zu bestreiten. Alle Versuche, aus einem vorgegebenen Menschenbild ein verpflichtendes konkretes Moralsystem abzuleiten, haben sich als historisch und relativ erwiesen. Dennoch wird man auch kritisch rückfragen müssen, ob damit alle Versuche, einen verbindlichen Bildungsbegriff für die Pädagogik zu reklamieren, hinfällig geworden sind. Man wird kritisch fragen müssen, ob die Bestimmung des Menschen als Subjekt notwendig jede einheitsstiftende und ordnungsverbürgende Norm als verbindliches Sollen ausschließt.
Die auf bloße Ausbildungen reduzierte Pädagogik kann der dem Bildungsbegriff immanenten Frage nach Rechtfertigung und Verantwortung nicht ausweichen. Es bleibt die Frage, ob die Faktizität gesellschaftlicher Wünsche und Erwartungen schon deren Berechtigung enthält, bzw. ob es der Pädagogik angemessen ist, sich und den ‚Auszubildenden' jenen normativ gesetzten Ansprüchen auszuliefern. Es bleibt vor allem die Frage nach dem verantwortlichen Umgang mit den in der Ausbildung erworbenen Qualifikationen. Sie ist zu einem bedrängenden Problem geworden. Spezialisierung als Verengung der Fragestellung hat den Wissenschaften ungeahnten Fortschritt gebracht. Sie hat den Verfügungsraum des Menschen erweitert, seinen Zugriff auf Umwelt und Mitwelt ausgedehnt und effektiver gemacht. Die der Spezialisierung folgende Ausbildung

hat die Frage nach einem sinnstiftenden Gesamtzusammenhang ausgeklammert. Sie hat damit gleichzeitig die Frage nach der Verantwortung nicht mehr aufgreifen können. Sie wurde auch in der modernen Erziehungswissenschaft durch die nach der Effektivität ersetzt; und zwar in einem doppelten Sinne. Einmal als Frage nach der Effektivität pädagogischer Maßnahmen selbst; zum anderen als Frage nach der Effektivität der gewonnenen Ausbildungsqualifikation.
Die verheerenden Folgen dieser auf Effektivität bedachten Ausbildung zeigen sich für den Menschen der Gegenwart in existenzbedrohender Weise: Nicht nur die Zerstörung der Natur, auch die Gefahr der Mißachtung des Menschen bereitet Sorge. Wo etwa die Medizin glaubt, alles, was machbar sei, sei auch erlaubt, da muß die Würde des Menschen als Anspruch aufgegeben werden. Die verantwortungslose Beherrschung der Natur schlägt um in die Herrschaft der Natur über den Menschen. Die Frage nach einem die vielen Einzelaufgaben umfassenden Regulativ ist für die Pädagogik nicht abzuweisen. Ohne sie verliert sie sich im Gestrüpp willkürlicher Ausbildungswünsche. Ohne einen sinnstiftenden Bildungsbegriff macht die Pädagogik sich zum Handlanger der Instrumentalisierung des Menschen, liefert ihn willkürlichen Rollenfunktionen aus, läßt gesellschaftliche Mächte mit ihren Normansprüchen absolut werden und überläßt den jungen Menschen jener Tyrannei.

Die pädagogische Notwendigkeit des Bildungsbegriffes findet ihr Fundament in der Gesetzmäßigkeit des Denkens selbst. Mit ihr sind die gleichen Bedingungen angesprochen, unter denen Pädagogik erst möglich und notwendig wird. Wer von der Notwendigkeit und Möglichkeit der Pädagogik überhaupt spricht, der muß voraussetzen, daß der Mensch nicht von vornherein so ist, wie er sein sollte. Wenn der Mensch nicht schon so ist, wie er sein sollte und auch sein könnte, wenn er andererseits als Subjekt in seinem konkreten Menschsein nicht das bloße Ergebnis biologischen Wachsens oder gesellschaftlich-ökonomischer Determination ist, wenn er sich selbst zu dem machen muß, der er ist, dann muß er um sich selbst wissen können: um sein Verhalten, um dessen zeitliches Nacheinander. Dieses Wissen um sich ist kein gegenständliches Wissen, kein Wissen in Einzelheiten, sondern ein Wissen um Einzelheiten; ein Wissen im Überschauen des zeitlichen Nacheinanders. Im Überschauen seiner selbst, im Wissen um sich und seine Erlebnisse stellt sich mit Notwendigkeit die Frage nach Einheit und Ordnung seiner selbst. Diese Frage schließt die Rechtfertigung seiner Akte ein. Sie ist universal, sie betrifft das Menschsein in all seinen Vollzügen. Denn dieses Wissen begleitet alles einzelgegenständliche Erkennen, alle Erlebnisse.[9]

Der Mensch muß um sein Wissen wissen können, sonst wäre keine Erkenntnis möglich. Denn im Wissen um das Wissen stellt sich der Mensch die Frage nach der Geltung seines Wissens. Das Wissen um das eigene Wissen bedeutet, daß der Mensch um den Irrtum, um die Stückwerkhaftigkeit seines Wissens weiß, um die Notwendigkeit und Möglichkeit des Lernens gleichzeitig, um die Korrigierbarkeit seines Wissens, um möglichen Fortschritt, denn auch das Entlarven von Scheinwissen ist Fortschritt. So wie das Wissen mein Wissen in der Frage nach der Wahrheit meines Wissens begleitet, so begleitet mein Bewußtsein auch alle meine Handlungen, Erlebnisse, Emotionen und Wertungen. Ohne dieses begleitende Wissen wären sie weder benennbar noch fragbar. Das begleitende Wissen gegenüber allen psychischen Vollzügen fragt nach deren Verantwortbarkeit. Es ist das begleitende Bewußtsein vom Sollen. In diesem Wissen um das Sollen zeigt sich dem Ich die Notwendigkeit und Möglichkeit der Einheit seiner selbst. Diese Forderung nach Einheit ist nicht durch ein bestimmtes Menschenbild belegt.

Im Bildungsbegriff ist die allgemeinste Bestimmung des Menschen angesprochen. Von diesem her muß die Frage nach Religion gestellt werden. Eine erste Zusammenfassung läßt sich so formulieren:
Wenn Pädagogik dem Menschen als Subjekt zu entsprechen hat, wenn das Subjektsein aufgabenhaft ist, d. h., wenn der Mensch sein Menschsein selbst zu besorgen hat, dann ist damit gleichzeitig ein allgemeines Regulativ angesprochen, das im Begriff der Bildung der Pädagogik ein Fundament gibt. Dieser Bildungsbegriff ist weder bevormundend, noch widerspricht er der Selbstbestimmung oder verfällt der Beliebigkeit. In ihm müssen alle Einzelziele ihre Begründung finden, und in ihm findet pädagogische Führung in Unterricht und Erziehung ihr Maß und ihre Rechtfertigung.
Die Behauptung von der Notwendigkeit des Bildungsbegriffes in und für die Pädagogik ist keine abstrakte, unverbindliche Spekulation. Seine Folgen für Unterricht und Erziehen sollen zumindest angedeutet werden. Wo das Lehren und Lernen sich der Beziehung auf Bildung entzieht, entartet es zu Dressur, zur Indoktrination, zur reinen Funktionsertüchtigung und Instrumentalisierung des Menschen. Wo Erziehung die Absicht auf Bildung verliert, da wird sie zur fremdbestimmenden Verhaltenssteuerung und zum Zwang, der die Freiheit ausschließt.
Im Bildungsbegriff wird jenes anthropologische Apriori zur Geltung gebracht, das das Lernen, sofern es in ihm um wirkliches Wissen geht, unter die leitende Beziehung auf Wahrheit stellt. Wo diese Beziehung des Subjekts auf Wahrheit nicht vorausgesetzt wird, da kann die Frage nach dem Geltungsanspruch des Wissens nicht gestellt werden, da muß das Wissen seinen Charakter als Wissen verlieren, da entartet das Lernen zum Mechanismus des unkritischen Merkens unter Umgehung des kritischen Bewußtseins dessen, der lernt; da entartet das Lehren zur menschenverachtenden Indoktrination.

Wo Erziehung nicht ein anthropologisches Apriori voraussetzen kann, in dem das Handeln des Menschen unter die leitende Beziehung des Guten im Sollen gestellt ist, da muß sie zur Strategie der Verhaltenssteuerung werden. Sie arbeitet mit dem Mechanismus der Manipulation im Appell an Lust und Unlust, mit dem Einsatz von Sanktionen und Privilegien. Erziehung wird zur Dressur, jenseits von Gut und Böse, Haltung verkommt im Opportunismus.
Bildung als Auftrag an den Menschen vollendet sich in seiner Autonomie. Der Gebildete sieht seine theoretische und praktische Vernunft als Richterstuhl für Wahr und Gut. Nichts kann diesem entzogen sein, nichts kann ihn ersetzen; weder Autorität noch Tradition, schon gar nicht die Macht des Tyrannen oder die sanfte Vormundschaft gesellschaftlicher Mächte. Angesichts dieses Verständnisses von Bildung stellt sich allerdings erst recht die Frage, ob und wie Bildung mit dem Anspruch der Religion vereinbar ist, wenn diese doch vom Glauben, von der Nichthintergehbarkeit der Autorität Gottes spricht: wenn Offenbarung und kirchliches Lehramt sich der Vernunftkritik entziehen?
Bildung bezeichnet einmal die jeweils erreichte Wertigkeit im Wissen und die jeweils erreichte Wertigkeit in der Haltung. Sie bezeichnet zum anderen die immerwährende „Aufgabenhaftigkeit" des Menschseins.
Immer aber verweist Bildung auf das im Menschsein angelegte Sollen, dem sich niemand entziehen kann und welches niemals gegenstandslos wird. Keine Zeitstrecke im Leben des Menschen kann sich grundsätzlich ihrem Anspruch entziehen. Jeder Zeitpunkt fordert Entscheidung.
Bildung soll sein, wie das Menschentum des Menschen sein soll. Das ist ein nichthintergehbarer Anspruch. Er begleitet alles menschliche Handeln und Erleben, im Denken, Wollen und Fühlen. Der Bildungsbegriff ist demnach an das den Menschen in seinem Denken und

Handeln begleitende Sollen gebunden. In ihm meldet sich der nichthintergehbare Anspruch von Wahrheit einerseits, der Anspruch des Guten andererseits.
Im Wissen des Wissens dokumentiert sich die Bindung des Denkens an die eine Wahrheit. Sie ist Bedingung dafür, daß wir zwischen wahr und falsch unterscheiden können, daß wir vom bloßen Meinen zu begründetem Wissen gelangen, daß wir die Grenzen unseres eigenen Wissens bestimmen können, daß wir vorgebrachte Geltungsansprüche prüfen, verwerfen und anerkennen können: M. a. W.: daß wir lernen können, daß wir im Denken unsere Vernunft bilden und entfalten, daß wir mündig werden können.
Im begleitenden Wissen um alle meine Erlebnisse dokumentiert sich die Bildung an das eine unendliche „Gute". Sie ist Bedingung dafür, daß wir uns über uns und unser Handeln Rechenschaft geben können, daß wir in Selbstbetrachtung und Vorsatz dem Prinzip der Moralität in grundsatztreuer Haltung dienen können, daß wir die uns und anderen zugemuteten gesellschaftlichen Normen und Konventionen auf ihre Verbindlichkeit prüfen können; daß wir nicht hilflos dem Anpassungsdruck ausgeliefert sind.
Die hier als unverzichtbar angesprochene Voraussetzung ist nicht Gegenstand unseres Erkennens und unseres Wollens, sondern deren Bedingung. Wenn wir denken und erkennen, wenn wir also lehren und lernen, ist jene Voraussetzung bereits anerkannt; wenn wir erziehen, moralisch zu handeln versuchen, zwischen gut und böse unterscheiden und uns kritisch und bewußt entscheiden, anderen helfen und sie ermutigen, dann kann jene Voraussetzung nicht geleugnet werden.
Wenn wir vom Anerkennen jener Voraussetzung reden, dann muß das Besondere dieses geistigen Aktes herausgehoben werden. Während alles gegenständliche Wissen sich seiner Beschränktheit, sich seiner Stückwerkhaftigkeit bewußt ist, während also alles gegenständliche Wis-

sen durch Nichtwissen gleichzeitig definiert ist, muß beim Anerkennen jenes Apriori von Gewißheit gesprochen werden. Das Wissen um diese Gewißheit ist unverzichtbar, fordert nicht nur Erkennen, sondern Anerkennung. Wenn der Gewißheit eines Wissens das Glauben im Sinne von Religion entspricht, dann ergibt sich die These, daß alle im Lehren und Lernen auf Bildung abzielende Bemühung Religion notwendig voraussetzt, daß alle Erziehung mit der Absicht auf Moralität und Gewissenstreue Religion als Anerkennen der Gewißheit nicht leugnen kann. Religion ist in diesem Verständnis kein zufälliger Zusatz zur Bildung, sondern ihre Voraussetzung. Ohne Religion würde Bildung in fremdbestimmende Anpassung oder willkürliche und rückhaltslose Selbstverwirklichung ausarten. Die Beziehung auf Religion gilt für Unterricht und Erziehung. Wo das ursprüngliche Wissen um das Gute geleugnet wird, da verliert Erziehung ihre Möglichkeit. Rousseau hatte vom dreimal heiligen[10] Gewissen gesprochen. Das Gewissen entzieht sich dem subjektiven Verfügen. Es läßt sich nicht abschütteln, es begleitet uns überall hin. Sein Anspruch will mit unabdingbarer Notwendigkeit gelten, wenn wir auch oft genug versuchen, seinen Anspruch umzudeuten, zu entkräften, seine Stimme zum Verstummen zu bringen. Wenn man überhaupt sinnvoll von Erziehung sprechen will, dann darf die Gewißheit des Gewissens grundsätzlich nicht in Zweifel gezogen werden. Die Befolgung seines Anspruches bleibt Stückwerk. Das definiert den Menschen in seiner Geschichtlichkeit, in der unaufhebbaren Spannung von Sollen, Wollen und Vollzug.
Religion wird als das Bewußtsein von unverzichtbarer Gebundenheit des Menschen verstanden. Religion ist die Bereitschaft und Anerkennung dieses Glaubens, die „die Lebensführung aus dem Verbundenheits-, Abhängigkeits- und Verpflichtungsgefühl gegenüber Gott als der geheimnisvollen, haltgebenden und zu verehrenden

obersten Macht (Allmacht)"[11] meint. Als anthropologisches Apriori ist sie für Bildung unverzichtbar.
Der Kritiker vom Standpunkt des Glaubens wird gegen die hier entwickelte These einwenden, daß es sich um Vernunftreligion handle, um einen rationalistischen Glauben, um einen Glauben, dem es an Gefühl und Wärme fehle, dem die eigentliche Lebendigkeit und die Fülle religiöser Formen und Vollzüge fremd sei, in der Gott zum formalen Prinzip degradiert werde.
Es ist richtig, daß hier zunächst philosophisch-pädagogische Überlegungen angestellt wurden und die Offenbarung, der dogmatische Gehalt der Kirchen nicht zur Begründung der Aussagen herangezogen wurde. Das hat den Vorteil, daß die hier gemeinte Beziehung von Bildung und Religion als Notwendigkeit ganz allgemein und unabhängig von geschichtlich gegebenen Religionen, Konfessionen und religiösen Institutionen gilt. Das hat den Nachteil, daß die Aussagen abstrakt und formal bleiben müssen, daß die Fülle lebendiger Glaubensvollzüge in Liturgie und Gebet, in Bekenntnis und Sakrament, im Wort von Gnade und Erlösung nicht zur Aussprache kommt.
Dennoch wäre es falsch, das Formale und Abstrakte in der Vernunftreligion als unverbindlich, kraftlos und kaltherzig anzusehen. Die Unendlichkeit der Wahrheit, ihre eherne Gewißheit in ihrem immerwährenden Anspruch an das Denken, die Erhabenheit des Gewissens mit seinem grundsätzlich unaustilgbaren Anspruch an Haltung und Verhalten, die im Werten-können und Werten-müssen sich gründende Menschenwürde, das alles sind Herausforderungen an den Menschen, die in der Religion und der Gewißheit des Glaubens ihr Fundament finden.
Das Bewußtsein von der Gewißheit der Bindung, wie sie sich in der Religion ausdrücklich artikuliert, gilt für jeden Menschen, ohne Rücksicht auf seinen empirischen Zustand; ohne Rücksicht auf Rasse und Nation, Ge-

schlecht und Alter, Krankheit und Stand, Behinderung und Benachteiligung. Jedem Menschen kommt die Heiligkeit des Gewissens zu. Jeder Mensch steht mit seinem Denken unter der leitenden Beziehung auf Wahrheit, niemandem darf grundsätzlich sein Verantwortlichsein abgesprochen werden, mag es auch durch empirische Umstände noch so behindert sein. Deshalb darf auch keinem Menschen die Möglichkeit der Bildung abgesprochen, niemand darf aus der Gemeinschaft der sich Bildenden ausgeschlossen werden. Mit niemandem darf die Hoffnung auf Entfaltung seines Menschentums aufgegeben werden; weder mit mir noch mit dem anderen. Die notwendige Beziehung der Bildung auf Religion definiert den Menschen in seiner Kreatürlichkeit. Sie zeigt sich im Wissen des Nichtwissens, bekundet sich in der Stückwerkhaftigkeit seines Tuns, in der begrenzten Wertigkeit je erreichter Bildung. Sie bedeutet die Aufforderung, sich immer wieder bilden zu müssen und bilden zu können, denn sie sieht den Menschen gegenüber dem Unendlichen.

Die Beantwortung der Frage nach der Zusammengehörigkeit von Religion und Bildung kann nicht daran vorbeigehen, daß jene sich in der Form von Offenbarung zeigt, in Kirche und Symbol, Zeichen und Liturgie, Gnade und Seelsorge. Dieser Reichtum der Offenbarung soll und kann in der Relation zur Bildung nicht unterschlagen werden. Hier „beruht Religion im eigentlichen Sinn (positive Religion) auf der Überzeugung einer übernatürlichen Offenbarung und auf der Gefühlsgrundlage gläubiger Gottesfurcht und -liebe; er äußert sich nicht nur individuell, sondern als Form des objektiven Geistes (Hegel) in gemeinschaftlicher kultischer Gottesverehrung."[12]

Der Schritt von der sog. Vernunftreligion zur Offenbarung ist weder ein Bruch noch eine irrationale Ausweitung. Die uns bindende Wahrheit ist als solche nicht Gegenstand unseres Erkennens, ist einer inhaltlichen

Bestimmung durch unsere Vernunft nicht zugänglich. Das Wissen um die Notwendigkeit unendlicher Wahrheit läßt sich in seiner Notwendigkeit nachweisen; die inhaltliche Bestimmung bleibt dem Menschen auf dem Wege gegenständlichen Erkennens fremd. Wissen um die Wahrheit ist im Glauben auf Offenbarung angewiesen, ist dem Menschen nur in der gläubigen Hinnahme von Offenbarung möglich. Deshalb entspricht dem Begriff der Religion der der Offenbarung.

Offenbarung und ihr Inhalt kann nicht Gegenstand von rationaler Kritik und Prüfung sein, sondern fordert annehmenden Glauben. Offenbarung gibt Antwort auf Fragen, die dem Menschen zwar von der Vernunft gestellt sind, auf die aber die Vernunft ihm die Antwort verweigert. Offenbarung als das Offenbarwerden der Wahrheit selbst muß als unwiderrufliche Gewißheit angenommen und anerkannt werden.

Unser Verständnis von ihr ist aber geschichtlich, überholbar, ist begrenzt, muß weiterentwickelt werden. Offenbarung als das Offenbarwerden der Wahrheit selbst muß für alle Menschen, d. h. ohne jede Ausnahme gelten. Dadurch soll weder Intoleranz gegenüber dem Andersgläubigen noch fundamentalistische und zwangsweise Proselytenmacherei entschuldigt oder gar gerechtfertigt werden. Damit ist aber wohl gemeint, daß Offenbarung dem Menschengeschlecht gelten muß, daß für sie die Geschwisterlichkeit aller Menschen gilt, daß aus dieser Heilsgemeinschaft niemand ausgeschlossen sein darf.

Im Glauben an die eine göttliche Wahrheit für alle Menschen ist das für jede Menschenbildung unverzichtbare Fundament der Liebe auf besondere Weise angesprochen. Als Tugend des Menschen fordert sie ein Doppeltes: Die Liebe zum Nächsten gehört zu meiner Bildung. Wer sich jener verweigert, verabschiedet sich von dieser; mag er noch so viel wissen, noch so feine Lebensformen, noch so viel an geschliffener Redekunst haben. Liebe gehört besonders dann zur Bildung des Menschen, wenn dieser im pädagogischen Auftrag um das Gebildetsein des anderen besorgt sein muß. Diese Sorge um den anderen, in der sich alle Pädagogik definiert, findet ihr unverlierbares Fundament in der Gemeinsamkeit des Menschseins, die in Hinordnung auf die eine Wahrheit, auf den einen Gott, in der Botschaft von der allgemeinen Erlösung aller Menschen ihre unerschütterliche Gewißheit findet. Offenbarung gibt darüber Auskunft, daß Gott die Liebe ist. Diese Liebe gibt dem Menschen Mut und Hoffnung mit sich und dem anderen. Sie stiftet die Möglichkeit von Bildung auf unüberbietbare Weise.

Diese vielleicht etwas emphatische Aussage darf nicht die Radikalität des Anspruchs verdecken, die sich aus der Notwendigkeit der Beziehung von Bildung auf Religion bzw. von Religion auf Bildung ergibt. Wie steht es mit der im Bildungsbegriff gemeinten Autonomie des Subjekts, mit dem Anspruch von Selbstbestimmung, mit der Behauptung von Freiheit und Kritikfähigkeit, mit dem selbständigen Urteil unter dem Richterstuhl der Vernunft für das Wahre und Gute im Menschen, wenn gleichzeitig Offenbarung einen nicht zu bezweifelnden Glaubensanspruch stellt? Trotz aller möglichen tatsächlichen und in der Geschichte konkret gewordenen Gegensätze und Spannungen gilt es grundsätzlich festzuhalten, daß Religion nicht in Gegensatz zum Anspruch von Bildung treten kann, sondern die in ihr anzuerkennende Wahrheit Bedingung ihrer Möglichkeit ist. Nur wenn jene Voraussetzung bedingungslos anerkannt ist, kann Bildung im Sinne von Selbstbestimmung im Denken und Urteilen, im Entscheiden und Verantworten gedacht werden, ohne in Beliebigkeit und Willkür zu verfallen.

Nur wenn das Gewissen in seinem nicht hintergehbaren Anspruch bedingungslos anerkannt wird, ist Erziehung möglich, nur wo die Gewißheit der einen Wahrheit als leitender Anspruch unseres Denkens anerkannt wird, ist Unterricht möglich. Wo jene Voraussetzung bestritten wird, da muß Erziehung zur Verhaltenssteuerung verkommen, da muß Unterricht zur Überredung und Indoktrination entarten.

Dieses grundsätzlich nicht zu leugnende Bedingungsgefüge darf nicht über die spannungsreiche Realität hinwegtäuschen, die mit dem Anspruch absoluter Gewißheit im Glauben einerseits, mit dem rückhaltlosen Fragen nach Wahrheit vor dem Richterstuhl autonomer Vernunft andererseits gegeben sind. Die Geschichte kennt bis in die Gegenwart Tendenzen, wo kirchliche Dogmatik sich in die Autonomie selbständigen Denkens einmischt. Es lassen sich auch genügend Beispiele anführen, wo Vernunft sich ihrer Grenzen nicht bewußt war und Glaubensaussagen getroffen hat oder glaubte kritisieren zu können. Vor allem die Fragen der praktischen Vernunft, der Moral und Gewissensentscheidung sind immer wieder Anlaß zu heftiger Auseinandersetzung bis in unsere Tage.

Thomas Morus, ein tiefgläubiger Mensch, hat die Dignität des Gewissens gegenüber aller Bevormundung unerschrocken verteidigt gegen den König und gegen kirchliche Amtsträger. Im Überschauen seines Lebens kann Thomas Morus schließlich sagen: „Darin finde ich großen Trost, daß ich . . . also in all dieser Furcht und schweren Sorge (dank der mächtigen Gnade Gottes) nie erwogen habe, in etwas einzuwilligen, was gegen mein Gewissen ginge und was mich der Freundschaft Gottes berauben würde . . ."

Die Autonomie des Gewissens ist ihm unantastbar: „So wenig ich mich in das Gewissen anderer einmische, so sicher bin ich, daß mein Gewissen mir allein gehört. Es ist das Letzte, was ein Mensch tun kann für sein Heil, daß er sich eins wird. Kommt er in Gefahr, so ist er verpflichtet, sein Gewissen zu prüfen und Rat einzuholen und je nach seiner Einsicht sein Gewissen umzuformen. Danach aber steht er sicher genug vor Gott. In diesem Einklang mit meinem Heil glaube ich zu stehen, dafür danke ich dem Herren, daß ich ganz sicher bin."

Das Zweite Vatikanische Konzil bestätigt den unwiderruflichen Anspruch des Gewissens: „Im Inneren seines Gewissens entdeckt der Mensch das Gesetz, das er sich nicht selbst gibt, sondern dem er gehorchen muß, und dessen Stimme ihn immer zur Liebe und zum Tun des Guten und zur Unterlassung des Bösen aufruft und, wo nötig, in den Ohren des Herzens tönt: Tu dies, meide jenes. Denn der Mensch hat ein Gesetz, das von Gott seinem Herzen eingeschrieben ist, dem zu gehorchen eben seine Würde ist und gemäß dem gerichtet werden wird (vgl. Röm. 2.15.16). Das Gewissen ist die verborgenste Mitte und das Heiligtum im Menschen, wo er allein ist mit Gott, dessen Stimme in diesem seinem Innersten zu hören ist ... Durch die Treue zum Gewissen sind die Christen mit den übrigen Menschen verbunden im Suchen nach der Wahrheit und zur wahrheitsgemäßen Lösung all der vielen moralischen Probleme, die im Leben der einzelnen wie im gesellschaftlichen Zusammenleben entstehen" (Gaudium et Spes. Nr. 16).
Gegen die absolute Normativität des Gewissens[13] wird häufig die geschichtliche Erfahrung als Zeuge aufgerufen. Die Fülle der Fälle, wo Menschen sich in der Berufung auf das eigene Gewissen an schlimmsten Verbrechen schuldig gemacht haben, ist nicht zu leugnen. Das verführt dazu, auch dem Gewissen einen Leiter, etwa in der Offenbarung bzw. durch das kirchliche Lehramt oder weltliche oder gar politische Autorität zu geben. Fehlentscheidung und „Gewissenlosigkeit" lassen sich dadurch jedoch nicht vermeiden, denn wer garantiert die Moralität des Vormundes. Schließlich muß wiederum das Gewissen dem Menschen sagen, ob er sich auf

jene Autorität verlassen kann und verlassen darf, um nicht unmoralisch zu handeln, um nicht Scharlatanen und Sektierern in die Hände zu fallen.[14] Es muß dabei bleiben, daß Moralität nur aus selbst vollzogener Verbindlichkeit und Einsicht in das Gute erwächst, daß die Dignität wirklichen Wissens nur vom Richterstuhl der Wahrheit in mir selbst behauptet werden kann.
Alles Wissen und Entscheiden, Urteilen, Werten und Handeln bleibt unsicher, bleibt Stückwerk. Damit ist nicht skeptischer Resignation das Wort geredet, wohl aber die kreatürliche Begrenztheit des Menschen in all seinen Vollzügen eingesehen. Das Wissen um die Grenze seiner selbst leitet mit Notwendigkeit hin auf das Grenzenlose, auf das Unendliche. In der Religion gewinnt der Mensch Teilhabe am Unendlichen selbst. In der Begegnung mit dem Unendlichen erfährt der Mensch Grenze und Unvollendetsein auf besondere Weise. Dieses Bewußtsein bleibender Endlichkeit angesichts des Unendlichen hält gleichzeitig das Bewußtsein vom bleibenden Anspruch der Bildung wach. Bildung ist nicht durch Religion und Glauben ersetzbar. Gläubigkeit macht das Ringen um wahres Wissen nicht überflüssig, und Frömmigkeit ersetzt nicht das Bemühen um Tugend. Kirchlicher Gehorsam ersetzt nicht das Gewissen, sondern gibt dessen Anspruch eine unüberbietbare Dignität. Damit bestätigt sich die These: So wie Bildung die Religion braucht, so braucht die Religion Bildung. Um nicht mißverstanden zu werden, ist folgendes anzumerken: Bildung ist nicht gemeint als Attribut eines gesellschaftlichen Standes, nicht als Besitz von Wissensgütern, nicht als Handhabung feiner und edler Sitten, sondern als Erfüllung jenes Auftrages, der jedem Menschen zukommt. Er lautet: Sich in seinem Menschsein zu bestimmen, sein Menschsein als Aufgabe anzunehmen und, soweit es in seinen Kräften steht, zu erfüllen. Das schließt Religion als Anerkennen und Verbindlichmachen der Hinordnung des Menschseins auf den Unendli-

chen ein, ohne daß der Unterschied als aufgegeben verwischt wird. Gebildetsein ist nicht Bedingung für Erlösung, für gnadenhafte Berufung zum Heil. Dennoch bleibt es auch richtig, daß Gnade den Menschen nicht zum verfügbaren Gegenstand macht, daß er als Subjekt an seinem Heil und seiner vollzogenen Berufung mitwirken muß. In diesem Sinne kann Sailer sagen, daß es eine Art Gottesdienst ist, der Wahrheit im Denken durch redliches Argumentieren zu dienen, ihr durch besonnenes Urteil zu gehorchen.[15]

Dem Anspruch des Guten zu genügen, d. h., dem Gewissen zu gehorchen, ist dann wahre Frömmigkeit. Das heißt dann aber auch: Das Lernen des Denkens, d. h. das Argumentieren- und Urteilenlernen, wird zur Forderung der Religion selbst. Das heißt auch: Gewissensbildung wird selbst zur Forderung der Religion. Damit kann natürlich nicht gemeint sein, das Gewissen selbst zu bilden; das wäre ein Widerspruch, denn das Gewissen ist Voraussetzung. Erzogen wird nicht das Gewissen, sondern der Mensch, damit er lerne, die Stimme des Gewissens von falschen Einflüsterungen zu unterscheiden; damit man lerne, sich nicht leichtfertig verführen zu lassen und sich in arger Selbsttäuschung im Irrtum des sog. guten Gewissens behaglich einzurichten, wie Blaise Pascal jenen Zustand beschreibt: „Niemals tut man derart vollständig und heiter das Böse, als wenn man es mit gutem Gewissen tut."[16]

Das ist die verhängnisvolle Folge des Zustandes, den Rousseau beschreibt: Daß wir ebenso viele Mühe aufwenden müssen, um das Gewissen wieder zum Reden zu bringen, wie wir gebraucht haben, um seine Stimme verstummen zu lassen.

Religion stellt die Forderung nach Bildung, die Forderung nach Unterricht und Erziehung. Damit soll nicht behauptet werden, daß Glaube und Gnade an bestimmte Ergebnisse von Unterricht und Erziehung gebunden sind. Wohl aber sollten sich Unterricht und Erziehung

ihrer höchsten Würde bewußt bleiben, auf ihre Weise dem Menschen zu seiner Bestimmung, zur Verwirklichung seines Menschentums Handbietung zu leisten.
In Religion und Offenbarung erfährt der Mensch den Anspruch des Unendlichen nicht nur im Anspruch und Sollen, sondern vor allem in der Liebe. Die Offenbarung selbst ist Zeichen der Liebe, und sie kündet von der Liebe Gottes zu den Menschen. Pascal schreibt: „Der einzige Gegenstand der Schrift ist die Liebe zu Gott. Alles ... ist Sinnbild dieses Zweckes, ... so bringt Gott in das einzige Gebot, ihn zu lieben, Abwechslung, um unsere Neugierde zu befriedigen."[17] Auch im Begriff der Bildung ist die Forderung der Liebe unverzichtbar enthalten. So wie meine Freiheit die Sorge um die Freiheit des anderen einschließt, so umfaßt meine Bildung die Sorge für die des anderen. Ausdruck dieser Liebe ist der gegenseitige Dialog. Liebe und Dialog sind universal. Aus der dialogischen Beziehung darf niemand ausgeschlossen werden. Dialog ist Dienst an der Wahrheit und gleichzeitig Ausdruck der Liebe zum Du. Argumente sind immer dergestalt Du-bezogen, daß sie dem anderen den Zugang zur Wahrheit im Geltungsanspruch erschließen: Motive eröffnen den Zugang zum Verstehen, weil sie auf das alle Menschen verbindende, weil vom Menschen verbindlich zu machende Sollen verweisen. Wenn behauptet wird, die Religion brauche Bildung, dann soll auch das religiöse Leben des einzelnen und der Kirche gemeint sein. Das religiöse Leben des einzelnen wächst mit seiner geistigen Lebendigkeit und Selbständigkeit. Auch die Lebendigkeit des kirchlichen Lebens ist an die Gemeinschaft mündiger Christen gebunden. Der Dialog in der Kirche ist Ausdruck der Anerkennung von Menschenwürde, er ist Dienst am Geist, er ist Dienst an der Wahrheit, er ist Bestätigung des Glaubens an die eine Wahrheit.
Eine kurze Zusammenfassung soll das Ergebnis der Überlegungen noch einmal gestrafft zum Ausdruck

bringen. Pädagogik muß im Begriff der Bildung ein Regulativ für ihre Aktivitäten voraussetzen. Bildung selbst ist auf eine Bedingung verwiesen, deren Notwendigkeit zwar argumentativ eingeholt werden kann, deren inhaltliche Bestimmung selbst dem Denken nicht mehr zugänglich ist. Das Prinzip der Wahrheit ist Bedingung unseres Erkennens, nicht sein Gegenstand. Das Prinzip der praktischen Vernunft ist Bedingung moralischen Entscheidens, nicht mehr Gegenstand unseres Wollens. Die Unendlichkeit der Wahrheit und des Sittlichen ist nicht im gegenständlichen Erkennen zu fassen, sondern nur im Glauben, im Anerkennen einer unwiderruflichen Gewißheit. Das ist kein minderes Wissen, sondern vorauszusetzende Bindung, die dem Gedanken der Religion entspricht.
Der Begriff der Religion fordert den der Offenbarung, so daß in der natürlichen Religion der Schritt zur Offenbarungsreligion angelegt ist.
Das Wissen um die Notwendigkeit von Religion für Bildung eröffnet der Pädagogik die ihr zukommende Dimension. Sie warnt sie vor der Hybris willkürlicher Machbarkeit, sie schützt sie vor tötender Resignation; sie eröffnet ihr im Prinzip der Hoffnung Gelassenheit und Engagement gleichzeitig. In Bindung der Bildung an Religion erfährt die Würde des Menschen ihr unzerstörbares Fundament, gewinnt Bildung ihre besondere Dignität. Wenn Religion den Menschen in seiner Endlichkeit definiert, dann betont sie die bleibende Verpflichtung des Menschen zur Bildung. Auch der religiöse Mensch bleibt auf dem Wege. Der Gläubige ist nicht im glücklichen Besitz der einen Wahrheit, die ihn überheblich und intolerant machen würde. Auch er bleibt Suchender, weiß sich im Suchen mit allen anderen im dialogischen Prinzip verbunden.
Die gegenseitige Notwendigkeit des relationalen Zusammenhangs von Religion und Bildung entspricht dem Menschen in seiner Kreatürlichkeit einerseits, in seiner

Hinordnung auf Unendlichkeit andererseits. Religion zeigt dem Menschen seine Möglichkeit und Notwendigkeit, sich zur Bildung zu entschließen, auf besondere Weise. Gleichzeitig ermutigt sie ihn, sich der Liebe Gottes zu überlassen: Angst und Leid, Schuld und Tod nicht als letztes Wort menschlicher Existenz stehenzulassen, sondern Hoffnung auf Gelingen und Heil als unverzichtbare Bestimmungen menschlicher Existenz zu begreifen.

Anmerkungen

1 Vgl. Kant: Über Pädagogik. In: Kant, Werke. Band 10. Darmstadt 1968, S. 706f.
2 Sailer: Erziehung für Erzieher. Paderborn 1961, S. 34.
3 A. a. O.: S. 40.
4 A. a. O.: S. 39.
5 Vgl. A. Comte: Die Soziologie. Die positive Philosophie im Auszug. Stuttgart 1974, S. 1f.
6 Karl Erlinghagen: Katholisches Bildungsdefizit in Deutschland, Freiburg i. B. 1965.
7 Wilhelm Dilthey: Über die Möglichkeit einer allgemeingültigen pädagogischen Wissenschaft. Bd. VI, Göttingen/Stuttgart 1962.
8 J. P. Sartre: Ist der Existentialismus ein Humanismus? In: Drei Essays. Frankfurt/Berlin 1946.
9 Vgl. Kant: „Das ‚Ich denke' muß alle meine Vorstellungen begleiten können; denn sonst würde etwas in mir vorgestellt werden, was gar nicht gedacht werden könnte, was ebensoviel heißt, als die Vorstellung würde entweder unmöglich, oder wenigstens für mich nichts sein." Kritik der reinen Vernunft. B 132.
10 Hoffmeister: Wörterbuch der philosophischen Begriffe; S. 525.
11 Rousseau: Emile, oder über Erziehung. Paderborn 1962, 2. S. 331.
12 A. a. O.

13 Vgl. Johannes Schurr: Gewissenserziehung – Erziehung zur Verantwortung? In: Marian Heitger (Hg.): Erziehung zu Demokratie, Gewissenserziehung, Wien/Freiburg/Basel 1987.
14 Vgl. Kant, 24A: „Es ist hier nicht die Frage: wie das Gewissen geleitet werden solle? (denn das will keinen Leiter; es ist genug eines zu haben), sondern wie dieses selbst zum Leitfaden in den bedenklichsten moralischen Entschließungen dienen könne."
15 J. M. Sailer: Erziehung für Erzieher: S. 37: „Dies Anerkennen Gottes ist in seiner Vollendung ein Anerkennen der Vernunft, des Willens, des Gemütes, des Lebens – ein Anerkennen der Vernunft, die nur im Wahren ruhen kann."
16 Blaise Pascal: Über die Religion. Heidelberg 1954. S. 417 (895).
17 Pascal. A. a. O., S. 305 (670).